KIRGIZISCH

WOORDENSCHAT

THEMATISCHE WOORDENLIJST

NEDERLANDS
KIRGIZISCH

De meest bruikbare woorden
Om uw woordenschat uit te breiden en
uw taalvaardigheid aan te scherpen

3000 woorden

Thematische woordenschat Nederlands-Kirgizisch - 3000 woorden

Door Andrey Taranov

Woordenlijsten van T&P Books zijn bedoeld om u woorden van een vreemde taal te helpen leren, onthouden, en bestudering. Dit woordenboek is ingedeeld in thema's en behandelt alle belangrijk terreinen van het dagelijkse leven, bedrijven, wetenschap, cultuur, etc.

Het proces van het leren van woorden met behulp van de op thema's gebaseerde aanpak van T&P Books biedt u de volgende voordelen:

- Correct gegroepeerde informatie is bepalend voor succes bij opeenvolgende stadia van het leren van woorden
- De beschikbaarheid van woorden die van dezelfde stam zijn maakt het mogelijk om woordgroepen te onthouden (in plaats van losse woorden)
- Kleine groepen van woorden faciliteren het proces van het aanmaken van associatieve verbindingen, die nodig zijn bij het consolideren van de woordenschat
- Het niveau van talenkennis kan worden ingeschat door het aantal geleerde woorden

T&P Books Publishing
www.tpbooks.com

ISBN: 978-1-78767-022-8

Dit boek is ook beschikbaar in e-boek formaat.
Gelieve www.tpbooks.com te bezoeken of de belangrijkste online boekwinkels.

KIRGIZISCHE WOORDENSCHAT
nieuwe woorden leren

T&P Books woordenlijsten zijn bedoeld om u te helpen vreemde woorden te leren, te onthouden, en te bestuderen. De woordenschat bevat meer dan 3000 veel gebruikte woorden die thematisch geordend zijn.

- De woordenlijst bevat de meest gebruikte woorden
- Aanbevolen als aanvulling bij welke taalcursus dan ook
- Voldoet aan de behoeften van de beginnende en gevorderde student in vreemde talen
- Geschikt voor dagelijks gebruik, bestudering en zelftestactiviteiten
- Maakt het mogelijk om uw woordenschat te evalueren

Bijzondere kenmerken van de woordenschat

- De woorden zijn gerangschikt naar hun betekenis, niet volgens alfabet
- De woorden worden weergegeven in drie kolommen om bestudering en zelftesten te vergemakkelijken
- Woorden in groepen worden verdeeld in kleine blokken om het leerproces te vergemakkelijken
- De woordenschat biedt een handige en eenvoudige beschrijving van elk buitenlands woord

De woordenschat bevat 101 onderwerpen zoals:

Basisconcepten, getallen, kleuren, maanden, seizoenen, meeteenheden, kleding en accessoires, eten & voeding, restaurant, familieleden, verwanten, karakter, gevoelens, emoties, ziekten, stad, dorp, bezienswaardigheden, winkelen, geld, huis, thuis, kantoor, werken op kantoor, import & export, marketing, werk zoeken, sport, onderwijs, computer, internet, gereedschap, natuur, landen, nationaliteiten en meer ...

INHOUDSOPGAVE

UITSPRAAKGIDS

T&P fonetisch alfabet	Kirgizisch voorbeeld	Nederlands voorbeeld
[a]	манжа [mandʒa]	acht
[e]	келечек [keletʃek]	delen, spreken
[i]	жигит [dʒigit]	bidden, tint
[ı]	кубаныч [kubanıtʃ]	iemand, die
[o]	мактоо [maktoo]	overeenkomst
[u]	узундук [uzunduk]	hoed, doe
[ʉ]	алюминий [alʉminij]	jullie, aquarium
[y]	түнкү [tynky]	fuut, uur
[b]	ашкабак [aʃkabak]	hebben
[d]	адам [adam]	Dank u, honderd
[dʒ]	жыгач [dʒıgatʃ]	jeans, jungle
[f]	флейта [flejta]	feestdag, informeren
[g]	тегерек [tegerek]	goal, tango
[j]	бөйрөк [bøjrøk]	New York, januari
[k]	карапа [karapa]	kennen, kleur
[l]	алтын [altın]	delen, luchter
[m]	бешмант [beʃmant]	morgen, etmaal
[n]	найза [najza]	nemen, zonder
[ŋ]	булуӊ [buluŋ]	optelling
[p]	пайдубал [pajdubal]	parallel, koper
[r]	рахмат [raχmat]	roepen, breken
[s]	сагызган [sagızgan]	spreken, kosten
[ʃ]	бурулуш [buruluʃ]	shampoo, machine
[t]	түтүн [tytyn]	tomaat, taart
[χ]	пахтадан [paχtadan]	bocht
[ts]	шприц [ʃprits]	niets, plaats
[tʃ]	биринчи [birintʃi]	Tsjechië, cello
[v]	квартал [kvartal]	beloven, schrijven
[z]	казуу [kazuu]	zeven, zesde
[ʲ]	руль, актёр [rulʲ, aktʲor]	palatalisatie teken
[ʰ]	объектив [obʰjektiv]	harde teken

AFKORTINGEN
gebruikt in de woordenschat

Nederlandse afkortingen

abn	-	als bijvoeglijk naamwoord
bijv.	-	bijvoorbeeld
bn	-	bijvoeglijk naamwoord
bw	-	bijwoord
enk.	-	enkelvoud
enz.	-	enzovoort
form.	-	formele taal
inform.	-	informele taal
mann.	-	mannelijk
mil.	-	militair
mv.	-	meervoud
on.ww.	-	onovergankelijk werkwoord
ontelb.	-	ontelbaar
ov.	-	over
ov.ww.	-	overgankelijk werkwoord
telb.	-	telbaar
vn	-	voornaamwoord
vrouw.	-	vrouwelijk
vw	-	voegwoord
vz	-	voorzetsel
wisk.	-	wiskunde
ww	-	werkwoord

Nederlandse artikelen

de	-	gemeenschappelijk geslacht
de/het	-	gemeenschappelijk geslacht, onzijdig
het	-	onzijdig

BASISBEGRIPPEN

1. Voornaamwoorden

ik	мен, мага	men, maga
jij, je	сен	sen
hij, zij, het	ал	al
zij, ze	алар	alar

2. Begroetingen. Begroetingen

Hallo! Dag!	Салам!	salam!
Hallo!	Саламатсызбы!	salamatsızbı!
Goedemorgen!	Кутман таңыңыз менен!	kutman taŋıŋız menen!
Goedemiddag!	Кутман күнүңүз менен!	kutman kynyŋyz menen!
Goedenavond!	Кутман кечиңиз менен!	kutman ketʃiŋiz menen!

gedag zeggen (groeten)	учурашуу	utʃuraʃuu
Hoi!	Кандай!	kandaj!
groeten (het)	салам	salam
verwelkomen (ww)	саламдашуу	salamdaʃuu
Hoe gaat het?	Иштериң кандай?	iʃteriŋ kandaj?
Hoe gaat het met u?	Иштериңиз кандай?	iʃteriŋiz kandaj?
Hoe is het?	Иштер кандай?	iʃter kandaj?
Is er nog nieuws?	Эмне жаңылык?	emne dʒaŋılık?

Dag! Tot ziens!	Көрүшкөнчө!	køryʃkøntʃø!
Tot snel! Tot ziens!	Эмки жолукканга чейин!	emki dʒolukkanga tʃejin!
Vaarwel! (inform.)	Кош бол!	koʃ bol!
Vaarwel! (form.)	Кош болуңуз!	koʃ boluŋuz!
afscheid nemen (ww)	коштошуу	koʃtoʃuu
Tot kijk!	Жакшы кал!	dʒakʃı kal!

Dank u!	Рахмат!	raxmat!
Dank u wel!	Чоң рахмат!	tʃoŋ raxmat!
Graag gedaan	Эч нерсе эмес	etʃ nerse emes
Geen dank!	Алкышка арзыбайт	alkıʃka arzıbajt
Geen moeite.	Эчтеке эмес.	etʃteke emes

Excuseer me, ... (inform.)	Кечир!	ketʃir!
Excuseer me, ... (form.)	Кечирип коюңузчу!	ketʃirip kojuŋuztʃu!
excuseren (verontschuldigen)	кечирүү	ketʃiryy

zich verontschuldigen	кечирим суроо	ketʃirim suroo
Mijn excuses.	Кечирим сурайм.	ketʃirim surajm
Het spijt me!	Кечиресиз!	ketʃiresiz!
vergeven (ww)	кечирүү	ketʃiryy
Maakt niet uit!	Эч капачылык жок.	etʃ kapatʃılık dʒok

alsjeblieft	суранам	suranam
Vergeet het niet!	Унутуп калбаңыз!	unutup kalbaŋız!
Natuurlijk!	Албетте!	albette!
Natuurlijk niet!	Албетте жок!	albette dӡok!
Akkoord!	Макул!	makul!
Zo is het genoeg!	Жетишет!	dӡetiſet!

3. Vragen

Wie?	Ким?	kim?
Wat?	Эмне?	emne?
Waar?	Каерде?	kaerde?
Waarheen?	Каяка?	kajaka?
Waarvandaan?	Каяктан?	kajaktan?
Wanneer?	Качан?	katʃan?
Waarom?	Эмне үчүн?	emne ytʃyn?
Waarom?	Эмнеге?	emnege?

Waarvoor dan ook?	Кайсы керекке?	kajsı kerekke?
Hoe?	Кандай?	kandaj?
Wat voor ...?	Кайсы?	kajsı?
Welk?	Кайсынысы?	kajsınısı?

Aan wie?	Кимге?	kimge?
Over wie?	Ким жөнүндө?	kim dӡønyndø?
Waarover?	Эмне жөнүндө?	emne dӡønyndø?
Met wie?	Ким менен?	kim menen?

Hoeveel?	Канча?	kantʃa?
Van wie? (mann.)	Кимдики?	kimdiki?
Van wie? (vrouw.)	Кимдики?	kimdiki?
Van wie? (mv.)	Кимдердики?	kimderdiki?

4. Voorzetsels

met (bijv. ~ beleg)	менен	menen
zonder (~ accent)	-сыз, -сиз	-sız, -siz
naar (in de richting van)	... көздөй	... køzdøj
over (praten ~)	... жөнүндө	... dӡønyndø

voor (in tijd)	... астында	... astında
voor (aan de voorkant)	... алдында	... aldında

onder (lager dan)	... астында	... astında
boven (hoger dan)	... өйдө	... øjdø
op (bovenop)	... үстүндө	... ystyndø

van (uit, afkomstig van)	-дан	-dan
van (gemaakt van)	-дан	-dan

over (bijv. ~ een uur)	... ичинде	... itʃinde
over (over de bovenkant)	... үстүнөн	... ystynøn

5. Functiewoorden. Bijwoorden. Deel 1

Waar?	Каерде?	kaerde?
hier (bw)	бул жерде	bul dʒerde
daar (bw)	тээтигил жакта	teetigil dʒakta
ergens (bw)	бир жерде	bir dʒerde
nergens (bw)	эч жакта	etʃ dʒakta
bij ... (in de buurt)	... жанында	... dʒanında
bij het raam	терезенин жанында	terezenin dʒanında
Waarheen?	Каяка?	kajaka?
hierheen (bw)	бери	beri
daarheen (bw)	нары	narı
hiervandaan (bw)	бул жерден	bul dʒerden
daarvandaan (bw)	тигил жерден	tigil dʒerden
dichtbij (bw)	жакын	dʒakın
ver (bw)	алыс	alıs
in de buurt (van ...)	... тегерегинде	... tegereginde
dichtbij (bw)	жакын арада	dʒakın arada
niet ver (bw)	алыс эмес	alıs emes
linker (bn)	сол	sol
links (bw)	сол жакта	sol dʒakta
linksaf, naar links (bw)	солго	solgo
rechter (bn)	оң	oŋ
rechts (bw)	оң жакта	oŋ dʒakta
rechtsaf, naar rechts (bw)	оңго	oŋgo
vooraan (bw)	астыда	astıda
voorste (bn)	алдыңкы	aldıŋkı
vooruit (bw)	алдыга	aldıga
achter (bw)	артында	artında
van achteren (bw)	артынан	artınan
achteruit (naar achteren)	артка	artka
midden (het)	ортосу	ortosu
in het midden (bw)	ортосунда	ortosunda
opzij (bw)	капталында	kaptalında
overal (bw)	бүт жерде	byt dʒerde
omheen (bw)	айланасында	ajlanasında
binnenuit (bw)	ичинде	itʃinde
naar ergens (bw)	бир жерде	bir dʒerde
rechtdoor (bw)	түз	tyz
terug (bijv. ~ komen)	кайра	kajra
ergens vandaan (bw)	бир жерден	bir dʒerden
ergens vandaan	бир жактан	bir dʒaktan
(en dit geld moet ~ komen)		

ten eerste (bw)	биринчиден	birintʃiden
ten tweede (bw)	экинчиден	ekintʃiden
ten derde (bw)	үчүнчүдөн	ytʃyntʃydøn

plotseling (bw)	күтпөгөн жерден	kytpøgøn dʒerden
in het begin (bw)	башында	baʃında
voor de eerste keer (bw)	биринчи жолу	birintʃi dʒolu
lang voor ... (bw)	... алдында	... aldında
opnieuw (bw)	башынан	baʃınan
voor eeuwig (bw)	түбөлүккө	tybølykkø

nooit (bw)	эч качан	etʃ katʃan
weer (bw)	кайра	kajra
nu (bw)	эми	emi
vaak (bw)	көпчүлүк учурда	køptʃylyk utʃurda
toen (bw)	анда	anda
urgent (bw)	тезинен	tezinen
meestal (bw)	көбүнчө	købyntʃø

trouwens, ... (tussen haakjes)	баса, ...	basa, ...
mogelijk (bw)	мүмкүн	mymkyn
waarschijnlijk (bw)	балким	balkim
misschien (bw)	ыктымал	ıktımal
trouwens (bw)	андан тышкары, ...	andan tıʃkarı, ...
daarom ...	ошондуктан ...	oʃonduktan ...
in weerwil van ...	... карабастан	... karabastan
dankzij ...	... күчү менен	... kytʃy menen

wat (vn)	эмне	emne
dat (vw)	эмне	emne
iets (vn)	бир нерсе	bir nerse
iets	бир нерсе	bir nerse
niets (vn)	эч нерсе	etʃ nerse

wie (~ is daar?)	ким	kim
iemand (een onbekende)	кимдир бирөө	kimdir birøø
iemand (een bepaald persoon)	бирөө жарым	birøø dʒarım

niemand (vn)	эч ким	etʃ kim
nergens (bw)	эч жака	etʃ dʒaka
niemands (bn)	эч кимдики	etʃ kimdiki
iemands (bn)	бирөөнүкү	birøønyky

zo (Ik ben ~ blij)	эми	emi
ook (evenals)	ошондой эле	oʃondoj ele
alsook (eveneens)	дагы	dagı

6. Functiewoorden. Bijwoorden. Deel 2

Waarom?	Эмнеге?	emnege?
om een bepaalde reden	эмнегедир	emnegedir
omdat ...	... себептен	... sebepten

voor een bepaald doel	эмне үчүндүр	emne ytʃyndyr
en (vw)	жана	dʒana
of (vw)	же	dʒe
maar (vw)	бирок	birok
voor (vz)	үчүн	ytʃyn

te (~ veel mensen)	өтө эле	øtø ele
alleen (bw)	азыр эле	azır ele
precies (bw)	так	tak
ongeveer (~ 10 kg)	болжол менен	boldʒol menen

omstreeks (bw)	болжол менен	boldʒol menen
bij benadering (bn)	болжолдуу	boldʒolduu
bijna (bw)	дээрлик	deerlik
rest (de)	калганы	kalganı

de andere (tweede)	башка	baʃka
ander (bn)	башка бөлөк	baʃka bøløk
elk (bn)	ар бири	ar biri
om het even welk	баардык	baardık
veel (grote hoeveelheid)	көп	køp
veel mensen	көбү	køby
iedereen (alle personen)	баары	baarı

in ruil voor ...	... алмашуу	... almaʃuu
in ruil (bw)	ордуна	orduna
met de hand (bw)	колго	kolgo
onwaarschijnlijk (bw)	ишенүүгө болбойт	iʃenyygø bolbojt

waarschijnlijk (bw)	балким	balkim
met opzet (bw)	атайын	atajın
toevallig (bw)	кокустан	kokustan

zeer (bw)	аябай	ajabaj
bijvoorbeeld (bw)	мисалы	misalı
tussen (~ twee steden)	ортосунда	ortosunda
tussen (te midden van)	арасында	arasında
zoveel (bw)	ошончо	oʃontʃo
vooral (bw)	өзгөчө	øzgøtʃø

GETALLEN. DIVERSEN

7. Kardinale getallen. Deel 1

nul	нөл	nøl
een	бир	bir
twee	эки	eki
drie	үч	ytʃ
vier	төрт	tørt

vijf	беш	beʃ
zes	алты	altı
zeven	жети	dʒeti
acht	сегиз	segiz
negen	тогуз	toguz

tien	он	on
elf	он бир	on bir
twaalf	он эки	on eki
dertien	он үч	on ytʃ
veertien	он төрт	on tørt

vijftien	он беш	on beʃ
zestien	он алты	on altı
zeventien	он жети	on dʒeti
achttien	он сегиз	on segiz
negentien	он тогуз	on toguz

twintig	жыйырма	dʒıjırma
eenentwintig	жыйырма бир	dʒıjırma bir
tweeëntwintig	жыйырма эки	dʒıjırma eki
drieëntwintig	жыйырма үч	dʒıjırma ytʃ

dertig	отуз	otuz
eenendertig	отуз бир	otuz bir
tweeëndertig	отуз эки	otuz eki
drieëndertig	отуз үч	otuz ytʃ

veertig	кырк	kırk
tweeënveertig	кырк эки	kırk eki
drieënveertig	кырк үч	kırk ytʃ

vijftig	элүү	elyy
eenenvijftig	элүү бир	elyy bir
tweeënvijftig	элүү эки	elyy eki
drieënvijftig	элүү үч	elyy ytʃ

zestig	алтымыш	altımıʃ
eenenzestig	алтымыш бир	altımıʃ bir
tweeënzestig	алтымыш эки	altımıʃ eki

drieënzestig	алтымыш үч	altımıʃ ytʃ
zeventig	жетимиш	dʒetimiʃ
eenenzeventig	жетимиш бир	dʒetimiʃ bir
tweeënzeventig	жетимиш эки	dʒetimiʃ eki
drieënzeventig	жетимиш үч	dʒetimiʃ ytʃ
tachtig	сексен	seksen
eenentachtig	сексен бир	seksen bir
tweeëntachtig	сексен эки	seksen eki
drieëntachtig	сексен үч	seksen ytʃ
negentig	токсон	tokson
eenennegentig	токсон бир	tokson bir
tweeënnegentig	токсон эки	tokson eki
drieënnegentig	токсон үч	tokson ytʃ

8. Kardinale getallen. Deel 2

honderd	бир жүз	bir dʒyz
tweehonderd	эки жүз	eki dʒyz
driehonderd	үч жүз	ytʃ dʒyz
vierhonderd	төрт жүз	tørt dʒyz
vijfhonderd	беш жүз	beʃ dʒyz
zeshonderd	алты жүз	altı dʒyz
zevenhonderd	жети жүз	dʒeti dʒyz
achthonderd	сегиз жүз	segiz dʒyz
negenhonderd	тогуз жүз	toguz dʒyz
duizend	бир миң	bir miŋ
tweeduizend	эки миң	eki miŋ
drieduizend	үч миң	ytʃ miŋ
tienduizend	он миң	on miŋ
honderdduizend	жүз миң	dʒyz miŋ
miljoen (het)	миллион	million
miljard (het)	миллиард	milliard

9. Ordinale getallen

eerste (bn)	биринчи	birintʃi
tweede (bn)	экинчи	ekintʃi
derde (bn)	үчүнчү	ytʃyntʃy
vierde (bn)	төртүнчү	tørtyntʃy
vijfde (bn)	бешинчи	beʃintʃi
zesde (bn)	алтынчы	altıntʃı
zevende (bn)	жетинчи	dʒetintʃi
achtste (bn)	сегизинчи	segizintʃi
negende (bn)	тогузунчу	toguzuntʃu
tiende (bn)	онунчу	onuntʃu

KLEUREN. MEETEENHEDEN

10. Kleuren

kleur (de)	түс	tys
tint (de)	кошумча түс	koʃumʧa tys
kleurnuance (de)	кубулуу	kubuluu
regenboog (de)	күндүн кулагы	kyndyn kulagı
wit (bn)	ак	ak
zwart (bn)	кара	kara
grijs (bn)	боз	boz
groen (bn)	жашыл	dʒaʃıl
geel (bn)	сары	sarı
rood (bn)	кызыл	kızıl
blauw (bn)	көк	køk
lichtblauw (bn)	көгүлтүр	køgyltyr
roze (bn)	мала	mala
oranje (bn)	кызгылт сары	kızgılt sarı
violet (bn)	сыя көк	sıja køk
bruin (bn)	күрөң	kyrøŋ
goud (bn)	алтын түстүү	altın tystyy
zilverkleurig (bn)	күмүш өңдүү	kymyʃ øŋdyy
beige (bn)	сары боз	sarı boz
roomkleurig (bn)	саргылт	sargılt
turkoois (bn)	бирюза	biruza
kersrood (bn)	кочкул кызыл	kotʃkul kızıl
lila (bn)	кызгылт көгүш	kızgılt køgyʃ
karmijnrood (bn)	ачык кызыл	atʃık kızıl
licht (bn)	ачык	atʃık
donker (bn)	күңүрт	kyŋyrt
fel (bn)	ачык	atʃık
kleur-, kleurig (bn)	түстүү	tystyy
kleuren- (abn)	түстүү	tystyy
zwart-wit (bn)	ак-кара	ak-kara
eenkleurig (bn)	бир өңчөй түстө	bir øŋʧøj tystø
veelkleurig (bn)	ар түрдүү түстө	ar tyrdyy tystø

11. Meeteenheden

gewicht (het)	салмак	salmak
lengte (de)	узундук	uzunduk

breedte (de)	жазылык	dʒazılık
hoogte (de)	бийиктик	bijiktik
diepte (de)	терендик	terendik
volume (het)	көлөм	køløm
oppervlakte (de)	аянт	ajant

gram (het)	грамм	gramm
milligram (het)	миллиграмм	milligramm
kilogram (het)	килограмм	kilogramm
ton (duizend kilo)	тонна	tonna
pond (het)	фунт	funt
ons (het)	унция	untsija

meter (de)	метр	metr
millimeter (de)	миллиметр	millimetr
centimeter (de)	сантиметр	santimetr
kilometer (de)	километр	kilometr
mijl (de)	миля	milʲa

duim (de)	дюйм	dujm
voet (de)	фут	fut
yard (de)	ярд	jard

vierkante meter (de)	квадраттык метр	kvadrattık metr
hectare (de)	гектар	gektar

liter (de)	литр	litr
graad (de)	градус	gradus
volt (de)	вольт	volʲt
ampère (de)	ампер	amper
paardenkracht (de)	ат күчү	at kytʃy

hoeveelheid (de)	саны	sanı
een beetje ...	... бир аз	... bir az
helft (de)	жарым	dʒarım
dozijn (het)	он эки даана	on eki daana
stuk (het)	даана	daana

afmeting (de)	чондук	tʃonduk
schaal (bijv. ~ van 1 op 50)	өлчөмчен	øltʃømtʃen

minimaal (bn)	минималдуу	minimalduu
minste (bn)	эң кичинекей	eŋ kitʃinekej
medium (bn)	орточо	ortotʃo
maximaal (bn)	максималдуу	maksimalduu
grootste (bn)	эң чоң	eŋ tʃoŋ

12. Containers

glazen pot (de)	банка	banka
blik (conserven~)	банка	banka
emmer (de)	чака	tʃaka
ton (bijv. regenton)	бочка	botʃka
ronde waterbak (de)	дагара	dagara

tank (bijv. watertank-70-ltr)	бак	bak
heupfles (de)	фляжка	flʲadʒka
jerrycan (de)	канистра	kanistra
tank (bijv. ketelwagen)	цистерна	tsɪsterna
beker (de)	кружка	krudʒka
kopje (het)	чөйчөк	ʧøjʧøk
schoteltje (het)	табак	tabak
glas (het)	ыстакан	ɪstakan
wijnglas (het)	бокал	bokal
pan (de)	мискей	miskej
fles (de)	бөтөлкө	bøtølkø
flessenhals (de)	оозу	oozu
karaf (de)	графин	grafin
kruik (de)	кумура	kumura
vat (het)	идиш	idiʃ
pot (de)	карапа	karapa
vaas (de)	ваза	vaza
flacon (de)	флакон	flakon
flesje (het)	кичине бөтөлкө	kiʧine bøtølkø
tube (bijv. ~ tandpasta)	тюбик	tubik
zak (bijv. ~ aardappelen)	кап	kap
tasje (het)	пакет	paket
pakje (~ sigaretten, enz.)	пачке	paʧke
doos (de)	куту	kutu
kist (de)	үкөк	ykøk
mand (de)	себет	sebet

BELANGRIJKSTE WERKWOORDEN

13. De belangrijkste werkwoorden. Deel 1

aanbevelen (ww)	сунуштоо	sunuʃtoo
aandringen (ww)	көшөрүү	køʃøryy
aankomen (per auto, enz.)	келүү	kelyy
aanraken (ww)	тийүү	tijyy
adviseren (ww)	кеңеш берүү	keŋeʃ beryy

afdalen (on.ww.)	ылдый түшүү	ıldıj tyʃyy
afslaan (naar rechts ~)	бурулуу	buruluu
antwoorden (ww)	жооп берүү	dʒoop beryy
bang zijn (ww)	жазкануу	dʒazkanuu
bedreigen (bijv. met een pistool)	коркутуу	korkutuu

bedriegen (ww)	алдоо	aldoo
beëindigen (ww)	бүтүрүү	bytyryy
beginnen (ww)	баштоо	baʃtoo
begrijpen (ww)	түшүнүү	tyʃynyy
beheren (managen)	башкаруу	baʃkaruu

beledigen (met scheldwoorden)	кемсинтүү	kemsintyy
beloven (ww)	убада берүү	ubada beryy
bereiden (koken)	тамак бышыруу	tamak bıʃıruu
bespreken (spreken over)	талкуулоо	talkuuloo

bestellen (eten ~)	буйрутма кылуу	bujrutma kıluu
bestraffen (een stout kind ~)	жазалоо	dʒazaloo
betalen (ww)	төлөө	tøløø
betekenen (beduiden)	билдирүү	bildiryy
betreuren (ww)	өкүнүү	økynyy

bevallen (prettig vinden)	жактыруу	dʒaktıruu
bevelen (mil.)	буйрук кылуу	bujruk kıluu
bevrijden (stad, enz.)	бошотуу	boʃotuu
bewaren (ww)	сактоо	saktoo
bezitten (ww)	ээ болуу	ee boluu

bidden (praten met God)	дуба кылуу	duba kıluu
binnengaan (een kamer ~)	кирүү	kiryy
breken (ww)	сындыруу	sındıruu
controleren (ww)	башкаруу	baʃkaruu
creëren (ww)	жаратуу	dʒaratuu

deelnemen (ww)	катышуу	katıʃuu
denken (ww)	ойлоо	ojloo
doden (ww)	өлтүрүү	øltyryy

| doen (ww) | кылуу | kıluu |
| dorst hebben (ww) | суусап калуу | suusap kaluu |

14. De belangrijkste werkwoorden. Deel 2

een hint geven	четин чыгаруу	tʃetin tʃıgaruu
eisen (met klem vragen)	талап кылуу	talap kıluu
excuseren (vergeven)	кечирүү	ketʃiryy
existeren (bestaan)	чыгуу	tʃıguu
gaan (te voet)	жөө басуу	dʒøø basuu

gaan zitten (ww)	отуруу	oturuu
gaan zwemmen	сууга түшүү	suuga tyʃyy
geven (ww)	берүү	beryy
glimlachen (ww)	жылмаюу	dʒılmadʒuu
goed raden (ww)	жандырмагын табуу	dʒandırmagın tabuu

grappen maken (ww)	тамашалоо	tamaʃaloo
graven (ww)	казуу	kazuu
hebben (ww)	бар болуу	bar boluu
helpen (ww)	жардам берүү	dʒardam beryy
herhalen (opnieuw zeggen)	кайталоо	kajtaloo
honger hebben (ww)	ачка болуу	atʃka boluu

hopen (ww)	үмүттөнүү	ymyttønyy
horen	угуу	uguu
(waarnemen met het oor)		
huilen (wenen)	ыйлоо	ıjloo
huren (huis, kamer)	батирге алуу	batirge aluu
informeren (informatie geven)	маалымат берүү	maalımat beryy
instemmen (akkoord gaan)	макул болуу	makul boluu
jagen (ww)	аңчылык кылуу	aŋtʃılık kıluu
kennen (kennis hebben	таануу	taanuu
van iemand)		
kiezen (ww)	тандоо	tandoo
klagen (ww)	арыздануу	arızdanuu

kosten (ww)	туруу	turuu
kunnen (ww)	жасай алуу	dʒasaj aluu
lachen (ww)	күлүү	kylyy
laten vallen (ww)	түшүрүп алуу	tyʃyryp aluu
lezen (ww)	окуу	okuu

liefhebben (ww)	сүйүү	syjyy
lunchen (ww)	түштөнүү	tyʃtønyy
nemen (ww)	алуу	aluu
nodig zijn (ww)	керек болуу	kerek boluu

15. De belangrijkste werkwoorden. Deel 3

| onderschatten (ww) | баалабоо | baalaboo |
| ondertekenen (ww) | кол коюу | kol kojuu |

ontbijten (ww)	эртең менен тамактануу	erteŋ menen tamaktanuu
openen (ww)	ачуу	atʃuu
ophouden (ww)	токтотуу	toktotuu
opmerken (zien)	байкоо	bajkoo
opscheppen (ww)	мактануу	maktanuu
opschrijven (ww)	кагазга түшүрүү	kagazga tyʃyryy
plannen (ww)	пландаштыруу	plandaʃtıruu
prefereren (verkiezen)	артык көрүү	artık køryy
proberen (trachten)	аракет кылуу	araket kıluu
redden (ww)	куткаруу	kutkaruu
rekenen op …	… ишенүү	… iʃenyy
rennen (ww)	чуркоо	tʃurkoo
reserveren (een hotelkamer ~)	камдык буйрутмалоо	kamdık bujrutmaloo
roepen (om hulp)	чакыруу	tʃakıruu
schieten (ww)	атуу	atuu
schreeuwen (ww)	кыйкыруу	kıjkıruu
schrijven (ww)	жазуу	dʒazuu
souperen (ww)	кечки тамакты ичүү	ketʃki tamaktı itʃyy
spelen (kinderen)	ойноо	ojnoo
spreken (ww)	сүйлөө	syjløø
stelen (ww)	уурдоо	uurdoo
stoppen (pauzeren)	токтоо	toktoo
studeren (Nederlands ~)	окуу	okuu
sturen (zenden)	жөнөтүү	dʒønøtyy
tellen (optellen)	саноо	sanoo
toebehoren aan …	таандык болуу	taandık boluu
toestaan (ww)	уруксат берүү	uruksat beryy
tonen (ww)	көрсөтүү	kørsøtyy
twijfelen (onzeker zijn)	күмөн саноо	kymøn sanoo
uitgaan (ww)	чыгуу	tʃıguu
uitnodigen (ww)	чакыруу	tʃakıruu
uitspreken (ww)	айтуу	ajtuu
uitvaren tegen (ww)	урушуу	uruʃuu

16. De belangrijkste werkwoorden. Deel 4

vallen (ww)	жыгылуу	dʒıgıluu
vangen (ww)	кармоо	karmoo
veranderen (anders maken)	өзгөртүү	øzgørtyy
verbaasd zijn (ww)	таң калуу	taŋ kaluu
verbergen (ww)	жашыруу	dʒaʃıruu
verdedigen (je land ~)	коргоо	korgoo
verenigen (ww)	бириктирүү	biriktiryy
vergelijken (ww)	салыштыруу	salıʃtıruu
vergeten (ww)	унутуу	unutuu
vergeven (ww)	кечирүү	ketʃiryy
verklaren (uitleggen)	түшүндүрүү	tyʃyndyryy

verkopen (per stuk ~)	сатуу	satuu
vermelden (praten over)	айтып өтүү	ajtıp ötyy
versieren (decoreren)	кооздоо	koozdoo
vertalen (ww)	которуу	kotoruu

vertrouwen (ww)	ишенүү	iʃenyy
vervolgen (ww)	улантуу	ulantuu
verwarren (met elkaar ~)	адаштыруу	adaʃtıruu
verzoeken (ww)	суроо	suroo
verzuimen (school, enz.)	калтыруу	kaltıruu

vinden (ww)	таап алуу	taap aluu
vliegen (ww)	учуу	utʃuu
volgen (ww)	... ээрчүү	... eertʃyy
voorstellen (ww)	сунуштоо	sunuʃtoo
voorzien (verwachten)	күтүү	kytyy
vragen (ww)	суроо	suroo

waarnemen (ww)	байкоо салуу	bajkoo
waarschuwen (ww)	эскертүү	eskertyy
wachten (ww)	күтүү	kytyy
weerspreken (ww)	каршы болуу	karʃı boluu
weigeren (ww)	баш тартуу	baʃ tartuu

werken (ww)	иштөө	iʃtөө
weten (ww)	билүү	bilyy
willen (verlangen)	каалоо	kaaloo
zeggen (ww)	айтуу	ajtuu
zich haasten (ww)	шашуу	ʃaʃuu

zich interesseren voor ...	... кызыгуу	... kızıguu
zich vergissen (ww)	ката кетирүү	kata ketiryy
zich verontschuldigen	кечирим суроо	ketʃirim suroo
zien (ww)	көрүү	kөryy

zijn (ww)	болуу	boluu
zoeken (ww)	... издөө	... izdөө
zwemmen (ww)	сүзүү	syzyy
zwijgen (ww)	үнчүкпоо	untʃukpoo

23

TIJD. KALENDER

17. Dagen van de week

maandag (de)	дүйшөмбү	dyjʃømby
dinsdag (de)	шейшемби	ʃejʃembi
woensdag (de)	шаршемби	ʃarʃembi
donderdag (de)	бейшемби	bejʃembi
vrijdag (de)	жума	dʒuma
zaterdag (de)	ишенби	iʃenbi
zondag (de)	жекшемби	dʒekʃembi

vandaag (bw)	бүгүн	bygyn
morgen (bw)	эртең	erteŋ
overmorgen (bw)	бирсүгүнү	birsygyny
gisteren (bw)	кечээ	ketʃee
eergisteren (bw)	мурда күнү	murda kyny

dag (de)	күн	kyn
werkdag (de)	иш күнү	iʃ kyny
feestdag (de)	майрам күнү	majram kyny
verlofdag (de)	дем алыш күн	dem alıʃ kyn
weekend (het)	дем алыш күндөр	dem alıʃ kyndør

de hele dag (bw)	күнү бою	kyny bojʉ
de volgende dag (bw)	кийинки күнү	kijinki kyny
twee dagen geleden	эки күн мурун	eki kyn murun
aan de vooravond (bw)	жакында	dʒakında
dag-, dagelijks (bn)	күндө	kyndø
elke dag (bw)	күн сайын	kyn sajın

week (de)	жума	dʒuma
vorige week (bw)	өткөн жумада	øtkøn dʒumada
volgende week (bw)	келаткан жумада	kelatkan dʒumada
wekelijks (bn)	жума сайын	dʒuma sajın
elke week (bw)	жума сайын	dʒuma sajın
twee keer per week	жумасына эки жолу	dʒumasına eki dʒolu
elke dinsdag	ар шейшемби	ar ʃejʃembi

18. Uren. Dag en nacht

morgen (de)	таң	taŋ
's morgens (bw)	эртең менен	erteŋ menen
middag (de)	жарым күн	dʒarım kyn
's middags (bw)	түштөн кийин	tyʃtøn kijin

avond (de)	кеч	ketʃ
's avonds (bw)	кечинде	ketʃinde

nacht (de)	түн	tyn
's nachts (bw)	түндө	tyndø
middernacht (de)	жарым түн	dʒarım tyn
seconde (de)	секунда	sekunda
minuut (de)	мүнөт	mynøt
uur (het)	саат	saat
halfuur (het)	жарым саат	dʒarım saat
kwartier (het)	чейрек саат	tʃejrek saat
vijftien minuten	он беш мүнөт	on beʃ mynøt
etmaal (het)	сутка	sutka
zonsopgang (de)	күндүн чыгышы	kyndyn tʃıgıʃı
dageraad (de)	таң агаруу	taŋ agaruu
vroege morgen (de)	таң эрте	taŋ erte
zonsondergang (de)	күн батуу	kyn batuu
's morgens vroeg (bw)	таң эрте	taŋ erte
vanmorgen (bw)	бүгүн эртең менен	bygyn erteŋ menen
morgenochtend (bw)	эртең эртең менен	erteŋ erteŋ menen
vanmiddag (bw)	күндүзү	kyndyzy
's middags (bw)	түштөн кийин	tyʃtøn kijin
morgenmiddag (bw)	эртең түштөн кийин	erteŋ tyʃtøn kijin
vanavond (bw)	бүгүн кечинде	bygyn ketʃinde
morgenavond (bw)	эртең кечинде	erteŋ ketʃinde
klokslag drie uur	туура саат үчтө	tuura saat ytʃtø
ongeveer vier uur	болжол менен төрт саат	boldʒol menen tørt saat
tegen twaalf uur	саат он экиде	saat on ekide
over twintig minuten	жыйырма мүнөттөн кийин	dʒıjırma mynøttøn kijin
over een uur	бир сааттан кийин	bir saattan kijin
op tijd (bw)	өз убагында	øz ubagında
kwart voor ...	... он беш мүнөт калды	... on beʃ mynøt kaldı
binnen een uur	бир сааттын ичинде	bir saattın itʃinde
elk kwartier	он беш мүнөт сайын	on beʃ mynøt sajın
de klok rond	бир сутка бою	bir sutka boju

19. Maanden. Seizoenen

januari (de)	январь	janvarʲ
februari (de)	февраль	fevralʲ
maart (de)	март	mart
april (de)	апрель	aprelʲ
mei (de)	май	maj
juni (de)	июнь	ijʉnʲ
juli (de)	июль	ijʉlʲ
augustus (de)	август	avgust
september (de)	сентябрь	sentʲabrʲ
oktober (de)	октябрь	oktʲabrʲ

november (de)	ноябрь	nojabrʲ
december (de)	декабрь	dekabrʲ
lente (de)	жаз	dʒaz
in de lente (bw)	жазында	dʒazında
lente- (abn)	жазгы	dʒazgı
zomer (de)	жай	dʒaj
in de zomer (bw)	жайында	dʒajında
zomer-, zomers (bn)	жайкы	dʒajkı
herfst (de)	күз	kyz
in de herfst (bw)	күзүндө	kyzyndø
herfst- (abn)	күздүк	kyzdyk
winter (de)	кыш	kıʃ
in de winter (bw)	кышында	kıʃında
winter- (abn)	кышкы	kıʃkı
maand (de)	ай	aj
deze maand (bw)	ушул айда	uʃul ajda
volgende maand (bw)	кийинки айда	kijinki ajda
vorige maand (bw)	өткөн айда	øtkøn ajda
een maand geleden (bw)	бир ай мурун	bir aj murun
over een maand (bw)	бир айдан кийин	bir ajdan kijin
over twee maanden (bw)	эки айдан кийин	eki ajdan kijin
de hele maand (bw)	ай бою	aj bojʉ
een volle maand (bw)	толук бир ай	toluk bir aj
maand-, maandelijks (bn)	ай сайын	aj sajın
maandelijks (bw)	ай сайын	aj sajın
elke maand (bw)	ар бир айда	ar bir ajda
twee keer per maand	айына эки жолу	ajına eki dʒolu
jaar (het)	жыл	dʒıl
dit jaar (bw)	бул жылы	bul dʒılı
volgend jaar (bw)	келаткан жылы	kelatkan dʒılı
vorig jaar (bw)	өткөн жылы	øtkøn dʒılı
een jaar geleden (bw)	бир жыл мурун	bir dʒıl murun
over een jaar	бир жылдан кийин	bir dʒıldan kijin
over twee jaar	эки жылдан кийин	eki dʒıldan kijin
het hele jaar	жыл бою	dʒıl bodʒʉ
een vol jaar	толук бир жыл	toluk bir dʒıl
elk jaar	ар жыл сайын	ar dʒıl sajın
jaar-, jaarlijks (bn)	жыл сайын	dʒıl sajın
jaarlijks (bw)	жыл сайын	dʒıl sajın
4 keer per jaar	жылына төрт жолу	dʒılına tørt dʒolu
datum (de)	число	tʃislo
datum (de)	күн	kyn
kalender (de)	календарь	kalendarʲ
een half jaar	жарым жыл	dʒarım dʒıl
zes maanden	жарым чейрек	dʒarım tʃejrek

seizoen (bijv. lente, zomer)	**мезгил**	mezgil
eeuw (de)	**кылым**	kılım

REIZEN. HOTEL

20. Trip. Reizen

toerisme (het)	туризм	turizm
toerist (de)	турист	turist
reis (de)	саякат	sajakat
avontuur (het)	укмуштуу окуя	ukmuʃtuu okuja
tocht (de)	сапар	sapar
vakantie (de)	дем алыш	dem alıʃ
met vakantie zijn	дем алышка чыгуу	dem alıʃka ʧıguu
rust (de)	эс алуу	es aluu
trein (de)	поезд	poezd
met de trein	поезд менен	poezd menen
vliegtuig (het)	учак	uʧak
met het vliegtuig	учакта	uʧakta
met de auto	автомобилде	avtomobilde
per schip (bw)	кемеде	kemede
bagage (de)	жүк	dʒyk
valies (de)	чемодан	ʧemodan
bagagekarretje (het)	араба	araba
paspoort (het)	паспорт	pasport
visum (het)	виза	viza
kaartje (het)	билет	bilet
vliegticket (het)	авиабилет	aviabilet
reisgids (de)	жол көрсөткүч	dʒol kørsøtkyʧ
kaart (de)	карта	karta
gebied (landelijk ~)	жай	dʒaj
plaats (de)	жер	dʒer
exotische bestemming (de)	экзотика	ekzotika
exotisch (bn)	экзотикалуу	ekzotikaluu
verwonderlijk (bn)	ажайып	adʒajıp
groep (de)	топ	top
rondleiding (de)	экскурсия	ekskursija
gids (de)	экскурсия жетекчиси	ekskursija dʒetekʧisi

21. Hotel

motel (het)	мотель	motelʲ
3-sterren	үч жылдыздуу	yʧ dʒıldızduu
5-sterren	беш жылдыздуу	beʃ dʒıldızduu

overnachten (ww)	токтоо	toktoo
kamer (de)	номер	nomer
eenpersoonskamer (de)	бир орундуу	bir orunduu
tweepersoonskamer (de)	эки орундуу	eki orunduu
een kamer reserveren	номерди камдык	nomerdi kamdık
	буйрутмалоо	bujrutmaloo

| halfpension (het) | жарым пансион | dʒarım pansion |
| volpension (het) | толук пансион | toluk pansion |

met badkamer	ваннасы менен	vannası menen
met douche	душ менен	duʃ menen
satelliet-tv (de)	спутник	sputnik
airconditioner (de)	аба желдеткич	aba dʒeldetkitʃ
handdoek (de)	сүлгү	sylgy
sleutel (de)	ачкыч	atʃkıtʃ

administrateur (de)	администратор	administrator
kamermeisje (het)	үй кызматкери	yj kızmatkeri
piccolo (de)	жүк ташуучу	dʒyk taʃuutʃu
portier (de)	эшик ачуучу	eʃik atʃuutʃu

restaurant (het)	ресторан	restoran
bar (de)	бар	bar
ontbijt (het)	таңкы тамак	taŋkı tamak
avondeten (het)	кечки тамак	ketʃki tamak
buffet (het)	шведче стол	ʃvedtʃe stol

| hal (de) | вестибюль | vestibuˡ |
| lift (de) | лифт | lift |

NIET STOREN	ТЫНЧЫБЫЗДЫ	tıntʃıbızdı
	АЛБАГЫЛА!	albagıla!
VERBODEN TE ROKEN!	ТАМЕКИ ЧЕГҮҮГӨ	tameki tʃegyygø
	БОЛБОЙТ!	bolbojt!

22. Bezienswaardigheden

monument (het)	эстелик	estelik
vesting (de)	чеп	tʃep
paleis (het)	сарай	saraj
kasteel (het)	сепил	sepil
toren (de)	мунара	munara
mausoleum (het)	күмбөз	kymbøz

architectuur (de)	архитектура	arχitektura
middeleeuws (bn)	орто кылымдык	orto kılımdık
oud (bn)	байыркы	bajırkı
nationaal (bn)	улуттук	uluttuk
bekend (bn)	тaaнымал	taanımal

toerist (de)	турист	turist
gids (de)	гид	gid
rondleiding (de)	экскурсия	ekskursija

Nederlands	Kirgizisch	
tonen (ww)	көрсөтүү	kørsøtyy
vertellen (ww)	айтып берүү	ajtıp beryy
vinden (ww)	табуу	tabuu
verdwalen (de weg kwijt zijn)	адашып кетүү	adaʃıp ketyy
plattegrond (~ van de metro)	схема	sχema
plattegrond (~ van de stad)	план	plan
souvenir (het)	асембелек	asembelek
souvenirwinkel (de)	асембелек дүкөнү	asembelek dykøny
foto's maken	сүрөткө тартуу	syrøtkø tartuu
zich laten fotograferen	сүрөткө түшүү	syrøtkø tyʃyy

VERVOER

23. Vliegveld

luchthaven (de)	аэропорт	aeroport
vliegtuig (het)	учак	utʃak
luchtvaartmaatschappij (de)	авиакомпания	aviakompanija
luchtverkeersleider (de)	авиадиспетчер	aviadispettʃer
vertrek (het)	учуп кетүү	utʃup ketyy
aankomst (de)	учуп келүү	utʃup kelyy
aankomen (per vliegtuig)	учуп келүү	utʃup kelyy
vertrektijd (de)	учуп кетүү убактысы	utʃup ketyy ubaktısı
aankomstuur (het)	учуп келүү убактысы	utʃup kelyy ubaktısı
vertraagd zijn (ww)	кармалуу	karmaluu
vluchtvertraging (de)	учуп кетүүнүн кечигиши	utʃup ketyynyn ketʃigiʃi
informatiebord (het)	маалымат таблосу	maalımat tablosu
informatie (de)	маалымат	maalımat
aankondigen (ww)	кулактандыруу	kulaktandıruu
vlucht (bijv. KLM ~)	рейс	rejs
douane (de)	бажыкана	badʒıkana
douanier (de)	бажы кызматкери	badʒı kızmatkeri
douaneaangifte (de)	бажы декларациясы	badʒı deklaratsijası
invullen (douaneaangifte ~)	толтуруу	tolturuu
een douaneaangifte invullen	декларация толтуруу	deklaratsija tolturuu
paspoortcontrole (de)	паспорт текшерүү	pasport tekʃeryy
bagage (de)	жүк	dʒyk
handbagage (de)	кол жүгү	kol dʒygy
bagagekarretje (het)	араба	araba
landing (de)	конуу	konuu
landingsbaan (de)	конуу тилкеси	konuu tilkesi
landen (ww)	конуу	konuu
vliegtuigtrap (de)	трап	trap
inchecken (het)	катталуу	kattaluu
incheckbalie (de)	каттоо стойкасы	kattoo stojkası
inchecken (ww)	катталуу	kattaluu
instapkaart (de)	отуруу үчүн талон	oturuu ytʃyn talon
gate (de)	чыгуу	tʃıguu
transit (de)	транзит	tranzit
wachten (ww)	күтүү	kytyy
wachtzaal (de)	күтүү залы	kutyy zalı

| begeleiden (uitwuiven) | узатуу | uzatuu |
| afscheid nemen (ww) | коштошуу | koʃtoʃuu |

24. Vliegtuig

vliegtuig (het)	учак	utʃak
vliegticket (het)	авиабилет	aviabilet
luchtvaartmaatschappij (de)	авиакомпания	aviakompanija
luchthaven (de)	аэропорт	aeroport
supersonisch (bn)	сверхзвуковой	sverχzvukovoj

gezagvoerder (de)	кеме командири	keme komandiri
bemanning (de)	экипаж	ekipaʤ
piloot (de)	учкуч	utʃkutʃ
stewardess (de)	стюардесса	stɰardessa
stuurman (de)	штурман	ʃturman

vleugels (mv.)	канаттар	kanattar
staart (de)	куйрук	kujruk
cabine (de)	кабина	kabina
motor (de)	кыймылдаткыч	kɪjmɪldatkɪtʃ
landingsgestel (het)	шасси	ʃassi
turbine (de)	турбина	turbina
propeller (de)	пропеллер	propeller
zwarte doos (de)	кара куту	kara kutu
stuur (het)	штурвал	ʃturval
brandstof (de)	күйүүчү май	kyjyytʃy may

veiligheidskaart (de)	коопсуздук көрсөтмөсү	koopsuzduk kørsøtmøsy
zuurstofmasker (het)	кислород чүмбөтү	kislorod tʃymbøty
uniform (het)	бир беткей кийим	bir betkey kijim
reddingsvest (de)	куткаруучу күрмө	kutkaruutʃu kyrmø
parachute (de)	парашют	paraʃɰt
opstijgen (het)	учуп көтөрүлүү	utʃup køtørylyy
opstijgen (ww)	учуп көтөрүлүү	utʃup køtørylyy
startbaan (de)	учуп чыгуу тилкеси	utʃup tʃɪguu tilkesi

zicht (het)	көрүнүш	kørynyʃ
vlucht (de)	учуу	utʃuu
hoogte (de)	бийиктик	bijiktik
luchtzak (de)	аба чүңкуру	aba tʃyŋkuru

plaats (de)	орун	orun
koptelefoon (de)	кулакчын	kulaktʃɪn
tafeltje (het)	бүктөлмө стол	byktølmø stol
venster (het)	иллюминатор	illɰminator
gangpad (het)	өтмөк	øtmøk

25. Trein

| trein (de) | поезд | poezd |
| elektrische trein (de) | электричка | elektritʃka |

sneltrein (de)	бат жүрүүчү поезд	bat dʒyryytʃy poezd
diesellocomotief (de)	тепловоз	teplovoz
stoomlocomotief (de)	паровоз	parovoz
rijtuig (het)	вагон	vagon
restauratierijtuig (het)	вагон-ресторан	vagon-restoran
rails (mv.)	рельсалар	relʲsalar
spoorweg (de)	темир жолу	temir dʒolu
dwarsligger (de)	шпала	ʃpala
perron (het)	платформа	platforma
spoor (het)	жол	dʒol
semafoor (de)	семафор	semafor
halte (bijv. kleine treinhalte)	бекет	beket
machinist (de)	машинист	maʃinist
kruier (de)	жук ташуучу	dʒuk taʃuutʃu
conducteur (de)	проводник	provodnik
passagier (de)	жүргүнчү	dʒyrgyntʃy
controleur (de)	текшерүүчү	tekʃeryytʃy
gang (in een trein)	коридор	koridor
noodrem (de)	стоп-кран	stop-kran
coupé (de)	купе	kupe
bed (slaapplaats)	текче	tektʃe
bovenste bed (het)	үстүнкү текче	ystyŋky tektʃe
onderste bed (het)	ылдыйкы текче	ıldıjkı tektʃe
beddengoed (het)	жууркан-төшөк	dʒuurkan-tøʃøk
kaartje (het)	билет	bilet
dienstregeling (de)	ырааттама	ıraattama
informatiebord (het)	табло	tablo
vertrekken	жөнөө	dʒønøø
(De trein vertrekt …)		
vertrek (ov. een trein)	жөнөө	dʒønøø
aankomen (ov. de treinen)	келүү	kelyy
aankomst (de)	келүү	kelyy
aankomen per trein	поезд менен келүү	poezd menen kelyy
in de trein stappen	поездге отуруу	poezdge oturuu
uit de trein stappen	поездден түшүү	poezdden tyʃyy
treinwrak (het)	кыйроо	kıjroo
ontspoord zijn	рельсадан чыгып кетүү	relʲsadan tʃıgıp ketyy
stoomlocomotief (de)	паровоз	parovoz
stoker (de)	от жагуучу	ot dʒaguutʃu
stookplaats (de)	меш	meʃ
steenkool (de)	көмүр	kømyr

26. Schip

schip (het)	кеме	keme
vaartuig (het)	кеме	keme
stoomboot (de)	пароход	paroχod
motorschip (het)	теплоход	teploχod
lijnschip (het)	лайнер	lajner
kruiser (de)	крейсер	krejser
jacht (het)	яхта	jaχta
sleepboot (de)	буксир	buksir
duwbak (de)	баржа	bardʒa
ferryboot (de)	паром	parom
zeilboot (de)	парус	parus
brigantijn (de)	бригантина	brigantina
ijsbreker (de)	муз жаргыч кеме	muz dʒargɪtʃ keme
duikboot (de)	суу астында жүрүүчү кеме	suu astɪnda dʒyryytʃy keme
boot (de)	кайык	kajɪk
sloep (de)	шлюпка	ʃlʉpka
reddingssloep (de)	куткаруу шлюпкасы	kutkaruu ʃlʉpkasɪ
motorboot (de)	катер	kater
kapitein (de)	капитан	kapitan
zeeman (de)	матрос	matros
matroos (de)	деңизчи	deŋiztʃi
bemanning (de)	экипаж	ekipadʒ
bootsman (de)	боцман	botsman
scheepsjongen (de)	юнга	jʉnga
kok (de)	кок	kok
scheepsarts (de)	кеме доктуру	keme dokturu
dek (het)	палуба	paluba
mast (de)	мачта	matʃta
zeil (het)	парус	parus
ruim (het)	трюм	trʉm
voorsteven (de)	тумшук	tumʃuk
achtersteven (de)	кеменин арткы бөлүгү	kemenin artkɪ bөlygy
roeispaan (de)	калак	kalak
schroef (de)	винт	vint
kajuit (de)	каюта	kajʉta
officierskamer (de)	кают-компания	kajʉt-kompanija
machinekamer (de)	машина бөлүгү	maʃina bөlygy
brug (de)	капитан мостиги	kapitan mostigi
radiokamer (de)	радиорубка	radiorubka
radiogolf (de)	толкун	tolkun
logboek (het)	кеме журналы	keme dʒurnalɪ
verrekijker (de)	дүрбү	dyrby

| klok (de) | коңгуроо | konguroo |
| vlag (de) | байрак | bajrak |

| kabel (de) | аркан | arkan |
| knoop (de) | түйүн | tyjyn |

| leuning (de) | туткуч | tutkutʃ |
| trap (de) | трап | trap |

anker (het)	кеме казык	keme kazık
het anker lichten	кеме казыкты көтөрүү	keme kazıktı køtøryy
het anker neerlaten	кеме казыкты таштоо	keme kazıktı taʃtoo
ankerketting (de)	казык чынжыры	kazık tʃındʒırı

haven (bijv. containerhaven)	порт	port
kaai (de)	причал	pritʃal
aanleggen (ww)	келип токтоо	kelip toktoo
wegvaren (ww)	жээктен алыстоо	dʒeekten alıstoo

reis (de)	саякат	sajakat
cruise (de)	деңиз саякаты	deŋiz sajakatı
koers (de)	курс	kurs
route (de)	каттам	kattam

vaarwater (het)	фарватер	farvater
zandbank (de)	тайыз жер	tajız dʒer
stranden (ww)	тайыз жерге отуруу	tajız dʒerge oturuu

storm (de)	бороон чапкын	boroon tʃapkın
signaal (het)	сигнал	signal
zinken (ov. een boot)	чөгүү	tʃøgyy
Man overboord!	Сууда адам бар!	suuda adam bar!
SOS (noodsignaal)	SOS	sos
reddingsboei (de)	куткаруучу тегерек	kutkaruutʃu tegerek

STAD

27. Stedelijk vervoer

bus, autobus (de)	автобус	avtobus
tram (de)	трамвай	tramvaj
trolleybus (de)	троллейбус	trollejbus
route (de)	каттам	kattam
nummer (busnummer, enz.)	номер	nomer
rijden met ...	... жүрүү	... dʒyryy
stappen (in de bus ~)	... отуруу	... oturuu
afstappen (ww)	... түшүп калуу	... tyʃyp kaluu
halte (de)	аялдама	ajaldama
volgende halte (de)	кийинки аялдама	kijinki ajaldama
eindpunt (het)	акыркы аялдама	akırkı ajaldama
dienstregeling (de)	ырааттама	ıraattama
wachten (ww)	күтүү	kytyy
kaartje (het)	билет	bilet
reiskosten (de)	билеттин баасы	bilettin baası
kassier (de)	кассир	kassir
kaartcontrole (de)	текшерүү	tekʃeryy
controleur (de)	текшерүүчү	tekʃeryytʃy
te laat zijn (ww)	кечигүү	ketʃigyy
missen (de bus ~)	кечигип калуу	ketʃigip kaluu
zich haasten (ww)	шашуу	ʃaʃuu
taxi (de)	такси	taksi
taxichauffeur (de)	такси айдоочу	taksi ajdootʃu
met de taxi (bw)	таксиде	takside
taxistandplaats (de)	такси токтоочу жай	taksi toktootʃu dʒaj
een taxi bestellen	такси чакыруу	taksi tʃakıruu
een taxi nemen	такси кармоо	taksi karmoo
verkeer (het)	көчө кыймылы	køtʃø kıjmılı
file (de)	тыгын	tıgın
spitsuur (het)	кызуу маал	kızuu maal
parkeren (on.ww.)	токтотуу	toktotuu
parkeren (ov.ww.)	машинаны жайлаштыруу	maʃinanı dʒajlaʃtıruu
parking (de)	унаа токтоочу жай	unaa toktootʃu dʒaj
metro (de)	метро	metro
halte (bijv. kleine treinhalte)	бекет	beket
de metro nemen	метродо жүрүү	metrodo dʒyryy
trein (de)	поезд	poezd
station (treinstation)	вокзал	vokzal

28. Stad. Het leven in de stad

stad (de)	шаар	ʃaar
hoofdstad (de)	борбор	borbor
dorp (het)	кыштак	kɪʃtak
plattegrond (de)	шаардын планы	ʃaardın planı
centrum (ov. een stad)	шаардын борбору	ʃaardın borboru
voorstad (de)	шаардын чет жакасы	ʃaardın tʃet dʒakası
voorstads- (abn)	шаардын чет жакасындагы	ʃaardın tʃet dʒakasındagı
randgemeente (de)	чет-жака	tʃet-dʒaka
omgeving (de)	чет-жака	tʃet-dʒaka
blok (huizenblok)	квартал	kvartal
woonwijk (de)	турак-жай кварталы	turak-dʒaj kvartalı
verkeer (het)	кече кыймылы	køtʃø kıjmılı
verkeerslicht (het)	светофор	svetofor
openbaar vervoer (het)	шаар транспорту	ʃaar transportu
kruispunt (het)	кесилиш	kesiliʃ
zebrapad (oversteekplaats)	жее жүрүүчүлер жолу	dʒøø dʒyryytʃylør dʒolu
onderdoorgang (de)	жер астындагы жол	dʒer astındagı dʒol
oversteken (de straat ~)	жолду өтүү	dʒoldu øtyy
voetganger (de)	жее жүрүүчү	dʒøø dʒyryytʃy
trottoir (het)	жанжол	dʒandʒol
brug (de)	көпүрө	køpyrø
dijk (de)	жээк жол	dʒeek dʒol
fontein (de)	фонтан	fontan
allee (de)	аллея	alleja
park (het)	сейил багы	sejil bagı
boulevard (de)	бульвар	bulʲvar
plein (het)	аянт	ajant
laan (de)	проспект	prospekt
straat (de)	кече	køtʃø
zijstraat (de)	чолок кече	tʃolok køtʃø
doodlopende straat (de)	туюк кече	tujuk køtʃø
huis (het)	үй	yj
gebouw (het)	имарат	imarat
wolkenkrabber (de)	көк тиреген көп кабаттуу үй	køk tiregen køp kabattuu yj
gevel (de)	үйдүн алды	yjdyn aldı
dak (het)	чатыр	tʃatır
venster (het)	терезе	tereze
boog (de)	түркүк	tyrkyk
pilaar (de)	мамы	mamı
hoek (ov. een gebouw)	бурч	burtʃ
vitrine (de)	көрсөтмө айнек үкөк	kørsøtmø ajnek ykøk
gevelreclame (de)	көрнөк	kørnøk

affiche (de/het)	афиша	afiʃa
reclameposter (de)	көрнөк-жарнак	kørnøk-dʒarnak
aanplakbord (het)	жарнамалык такта	dʒarnamalık takta

vuilnis (de/het)	таштанды	taʃtandı
vuilnisbak (de)	таштанды челек	taʃtandı tʃelek
afval weggooien (ww)	таштоо	taʃtoo
stortplaats (de)	таштанды үйүлгөн жер	taʃtandı yjylgøn dʒer

telefooncel (de)	телефон будкасы	telefon budkası
straatlicht (het)	чырак мамы	tʃırak mamı
bank (de)	отургуч	oturgutʃ

politieagent (de)	полиция кызматкери	politsija kızmatkeri
politie (de)	полиция	politsija
zwerver (de)	кайырчы	kajırtʃı
dakloze (de)	селсаяк	selsajak

29. Stedelijke instellingen

winkel (de)	дүкөн	dykøn
apotheek (de)	дарыкана	darıkana
optiek (de)	оптика	optika
winkelcentrum (het)	соода борбору	sooda borboru
supermarkt (de)	супермаркет	supermarket

bakkerij (de)	нан дүкөнү	nan dykøny
bakker (de)	навайчы	navajtʃı
banketbakkerij (de)	кондитердик дүкөн	konditerdik dykøn
kruidenier (de)	азык-түлүк	azık-tylyk
slagerij (de)	эт дүкөнү	et dykøny

| groentewinkel (de) | жашылча дүкөнү | dʒaʃıltʃa dykøny |
| markt (de) | базар | bazar |

koffiehuis (het)	кофекана	kofekana
restaurant (het)	ресторан	restoran
bar (de)	сыракана	sırakana
pizzeria (de)	пиццерия	pitserija

kapperssalon (de/het)	чач тарач	tʃatʃ taratʃ
postkantoor (het)	почта	potʃta
stomerij (de)	химиялык тазалоо	χimijalık tazaloo
fotostudio (de)	фотоателье	fotoatelje

schoenwinkel (de)	бут кийим дүкөнү	but kijim dykøny
boekhandel (de)	китеп дүкөнү	kitep dykøny
sportwinkel (de)	спорт буюмдар дүкөнү	sport bujɯmdar dykøny

kledingreparatie (de)	кийим ондоочу жай	kijim ondootʃu dʒaj
kledingverhuur (de)	кийимди ижарага берүү	kijimdi idʒaraga beryy
videotheek (de)	тасмаларды ижарага берүү	tasmalardı idʒaraga beryy

| circus (de/het) | цирк | tsırk |

dierentuin (de)	зоопарк	zoopark
bioscoop (de)	кинотеатр	kinoteatr
museum (het)	музей	muzej
bibliotheek (de)	китепкана	kitepkana
theater (het)	театр	teatr
opera (de)	опера	opera
nachtclub (de)	түнкү клуб	tynky klub
casino (het)	казино	kazino
moskee (de)	мечит	metʃit
synagoge (de)	синагога	sinagoga
kathedraal (de)	чоң чиркөө	tʃoŋ tʃirkøø
tempel (de)	ибадаткана	ibadatkana
kerk (de)	чиркөө	tʃirkøø
instituut (het)	коллеж	kolledʒ
universiteit (de)	университет	universitet
school (de)	мектеп	mektep
gemeentehuis (het)	префектура	prefektura
stadhuis (het)	мэрия	merija
hotel (het)	мейманкана	mejmankana
bank (de)	банк	bank
ambassade (de)	элчилик	eltʃilik
reisbureau (het)	турагенттиги	turagenttigi
informatieloket (het)	маалымат бюросу	maalımat bʉrosu
wisselkantoor (het)	алмаштыруу пункту	almaʃtıruu punktu
metro (de)	метро	metro
ziekenhuis (het)	оорукана	oorukana
benzinestation (het)	май куюучу станция	maj kujʉutʃu stantsija
parking (de)	унаа токтоочу жай	unaa toktootʃu dʒaj

30. Borden

gevelreclame (de)	көрнөк	kørnøk
opschrift (het)	жазуу	dʒazuu
poster (de)	көрнөк	kørnøk
wegwijzer (de)	көрсөткүч	kørsøtkytʃ
pijl (de)	жебе	dʒebe
waarschuwing (verwittiging)	эскертме	ekertme
waarschuwingsbord (het)	эскертүү белгиси	eskertyy belgisi
waarschuwen (ww)	эскертүү	eskertyy
vrije dag (de)	дем алыш күн	dem alıʃ kyn
dienstregeling (de)	ырааттама	ıraattama
openingsuren (mv.)	иш сааттары	iʃ saattarı
WELKOM!	КОШ КЕЛИҢИЗДЕР!	koʃ keliŋizder!
INGANG	КИРҮҮ	kiryy

UITGANG	ЧЫГУУ	tʃıguu
DUWEN	ӨЗҮҢҮЗДӨН ТҮРТҮҢҮЗ	øzyŋyzdøn tyrtyŋyz
TREKKEN	ӨЗҮҢҮЗГӨ ТАРТЫҢЫЗ	øzyŋyzgø tartıŋız
OPEN	АЧЫК	atʃık
GESLOTEN	ЖАБЫК	dʒabık

| DAMES | АЙЫМДАР ҮЧҮН | ajımdar ytʃyn |
| HEREN | ЭРКЕКТЕР ҮЧҮН | erkekter ytʃyn |

KORTING	АРЗАНДАТУУЛАР	arzandatuular
UITVERKOOP	САТЫП ТҮГӨТҮҮ	satıp tygøtyy
NIEUW!	СААМАЛЫК!	saamalık!
GRATIS	БЕКЕР	beker

PAS OP!	КӨҢҮЛ БУРУҢУЗ!	køŋyl buruŋuz!
VOLGEBOEKT	ОРУН ЖОК	orun dʒok
GERESERVEERD	КАМДЫК	kamdık
	БУЙРУТМАЛАГАН	bujrutmalagan

| ADMINISTRATIE | АДМИНИСТРАЦИЯ | administratsija |
| ALLEEN VOOR PERSONEEL | ЖААМАТ ҮЧҮН ГАНА | dʒaamat ytʃyn gana |

GEVAARLIJKE HOND	КАБАНААК ИТ	kabanaak it
VERBODEN TE ROKEN!	ТАМЕКИ ЧЕГҮҮГӨ БОЛБОЙТ!	tameki tʃegyygø bolbojt!
NIET AANRAKEN!	КОЛУҢАР МЕНЕН КАРМАБАГЫЛА!	koluŋar menen karmabagıla!

GEVAARLIJK	КООПТУУ	kooptuu
GEVAAR	КОРКУНУЧ	korkunutʃ
HOOGSPANNING	ЖОГОРКУ ЧЫҢАЛУУ	dʒogorku tʃıŋaluu
VERBODEN TE ZWEMMEN	СУУГА ТҮШҮҮГӨ БОЛБОЙТ	suuga tyʃyygø bolbojt
BUITEN GEBRUIK	ИШТЕБЕЙТ	iʃtebejt

ONTVLAMBAAR	ӨРТ ЧЫГУУ КОРКУНУЧУ	ørt tʃıguu korkunutʃu
VERBODEN	ТЫЮУ САЛЫНГАН	tıjuu salıngan
DOORGANG VERBODEN	ӨТҮҮГӨ БОЛБОЙТ	øtyygø bolbojt
OPGELET PAS GEVERFD	СЫРДАЛГАН	sırdalgan

31. Winkelen

kopen (ww)	сатып алуу	satıp aluu
aankoop (de)	сатып алуу	satıp aluu
winkelen (ww)	сатып алууга чыгуу	satıp aluuga tʃıguu
winkelen (het)	базарчылоо	bazartʃıloo
open zijn (ov. een winkel, enz.)	иштөө	iʃtøø
gesloten zijn (ww)	жабылуу	dʒabıluu
schoeisel (het)	бут кийим	but kijim
kleren (mv.)	кийим-кече	kijim-ketʃe

cosmetica (mv.)	упа-эндик	upa-endik
voedingswaren (mv.)	азык-түлүк	azık-tylyk
geschenk (het)	белек	belek
verkoper (de)	сатуучу	satuutʃu
verkoopster (de)	сатуучу кыз	satuutʃu kız
kassa (de)	касса	kassa
spiegel (de)	күзгү	kyzgy
toonbank (de)	прилавок	prilavok
paskamer (de)	кийим ченөөчү бөлмө	kijim tʃenøøtʃy bølmø
aanpassen (ww)	кийим ченөө	kijim tʃenøø
passen (ov. kleren)	ылайык келүү	ılajık kelyy
bevallen (prettig vinden)	жактыруу	dʒaktıruu
prijs (de)	баа	baa
prijskaartje (het)	баа	baa
kosten (ww)	туруу	turuu
Hoeveel?	Канча?	kantʃa?
korting (de)	арзандатуу	arzandatuu
niet duur (bn)	кымбат эмес	kımbat emes
goedkoop (bn)	арзан	arzan
duur (bn)	кымбат	kımbat
Dat is duur.	Бул кымбат	bul kımbat
verhuur (de)	ижара	idʒara
huren (smoking, enz.)	ижарага алуу	idʒaraga aluu
krediet (het)	насыя	nasıja
op krediet (bw)	насыяга алуу	nasıjaga aluu

KLEDING EN ACCESSOIRES

32. Bovenkleding. Jassen

kleren (mv.)	кийим	kijim
bovenkleding (de)	үстүңкү кийим	ystyŋky kijim
winterkleding (de)	кышкы кийим	kıʃkı kijim
jas (de)	пальто	palʲto
bontjas (de)	тон	ton
bontjasje (het)	чолок тон	tʃolok ton
donzen jas (de)	мамык олпок	mamık olpok
jasje (bijv. een leren ~)	күрмө	kyrmø
regenjas (de)	плащ	plaʃtʃ
waterdicht (bn)	суу өткүс	suu øtkys

33. Heren & dames kleding

overhemd (het)	көйнөк	køjnøk
broek (de)	шым	ʃım
jeans (de)	джинсы	dʒinsı
colbert (de)	бешмант	beʃmant
kostuum (het)	костюм	kostʉm
jurk (de)	көйнөк	køjnøk
rok (de)	юбка	jʉbka
blouse (de)	блузка	bluzka
wollen vest (de)	кофта	kofta
blazer (kort jasje)	кыска бешмант	kıska beʃmant
T-shirt (het)	футболка	futbolka
shorts (mv.)	чолок шым	tʃolok ʃım
trainingspak (het)	спорт кийими	sport kijimi
badjas (de)	халат	χalat
pyjama (de)	пижама	pidʒama
sweater (de)	свитер	sviter
pullover (de)	пуловер	pulover
gilet (het)	жилет	dʒilet
rokkostuum (het)	фрак	frak
smoking (de)	смокинг	smoking
uniform (het)	форма	forma
werkkleding (de)	жумуш кийим	dʒumuʃ kijim
overall (de)	комбинезон	kombinezon
doktersjas (de)	халат	χalat

34. Kleding. Ondergoed

ondergoed (het)	ич кийим	iʧ kijim
herenslip (de)	эркектер чолок дамбалы	erkekter ʧolok dambalı
slipjes (mv.)	аялдар трусиги	ajaldar trusigi
onderhemd (het)	майка	majka
sokken (mv.)	байпак	bajpak
nachthemd (het)	жатаарда кийүүчү көйнөк	dʒataarda kijyyʧy køjnøk
beha (de)	бюстгальтер	bustgalʲter
kniekousen (mv.)	гольфы	golʲfı
panty (de)	колготки	kolgotki
nylonkousen (mv.)	байпак	bajpak
badpak (het)	купальник	kupalʲnik

35. Hoofddeksels

hoed (de)	топу	topu
deukhoed (de)	шляпа	ʃlʲapa
honkbalpet (de)	бейсболка	bejsbolka
kleppet (de)	кепка	kepka
baret (de)	берет	beret
kap (de)	капюшон	kapuʃon
panamahoed (de)	панамка	panamka
gebreide muts (de)	токулган шапка	tokulgan ʃapka
hoofddoek (de)	жоолук	dʒooluk
dameshoed (de)	шляпа	ʃlʲapa
veiligheidshelm (de)	каска	kaska
veldmuts (de)	пилотка	pilotka
helm, valhelm (de)	шлем	ʃlem
bolhoed (de)	котелок	kotelok
hoge hoed (de)	цилиндр	tsılindr

36. Schoeisel

schoeisel (het)	бут кийим	but kijim
schoenen (mv.)	ботинка	botinka
vrouwenschoenen (mv.)	туфли	tufli
laarzen (mv.)	өтүк	øtyk
pantoffels (mv.)	тапочка	tapoʧka
sportschoenen (mv.)	кроссовка	krossovka
sneakers (mv.)	кеды	kedı
sandalen (mv.)	сандалии	sandalii
schoenlapper (de)	өтүкчү	øtykʧy
hiel (de)	така	taka

paar (een ~ schoenen)	түгөй	tygøj
veter (de)	боо	boo
rijgen (schoenen ~)	боолоо	booloo
schoenlepel (de)	кашык	kaʃık
schoensmeer (de/het)	өтүк май	øtyk maj

37. Persoonlijke accessoires

handschoenen (mv.)	колкап	kolkap
wanten (mv.)	мээлей	meelej
sjaal (fleece ~)	моюн орогуч	mojʉn oroguʧ

bril (de)	көз айнек	køz ajnek
brilmontuur (het)	алкак	alkak
paraplu (de)	чатырча	ʧatırʧa
wandelstok (de)	аса таяк	asa tajak
haarborstel (de)	тарак	tarak
waaier (de)	желпингич	dʒelpingiʧ

das (de)	галстук	galstuk
strikje (het)	галстук-бабочка	galstuk-babotʃka
bretels (mv.)	шым тарткыч	ʃım tartkıʧ
zakdoek (de)	бетаарчы	betaarʧı

kam (de)	тарак	tarak
haarspeldje (het)	чачсайгы	ʧaʧsajgı
schuifspeldje (het)	шпилька	ʃpilʲka
gesp (de)	таралга	taralga

| broekriem (de) | кайыш кур | kajıʃ kur |
| draagriem (de) | илгич | ilgiʧ |

handtas (de)	колбаштык	kolbaʃtık
damestas (de)	кичине колбаштык	kiʧine kolbaʃtık
rugzak (de)	жонбаштык	dʒonbaʃtık

38. Kleding. Diversen

mode (de)	мода	moda
de mode (bn)	саркеч	sarkeʧ
kledingstilist (de)	модельер	modeljer

kraag (de)	жака	dʒaka
zak (de)	чөнтөк	ʧøntøk
zak- (abn)	чөнтөк	ʧøntøk
mouw (de)	жең	dʒeŋ
lusje (het)	илгич	ilgiʧ
gulp (de)	ширинка	ʃirinka

rits (de)	молния	molnija
sluiting (de)	топчулук	topʧuluk
knoop (de)	топчу	topʧu

| knoopsgat (het) | илмек | ilmek |
| losraken (bijv. knopen) | үзүлүү | yzylyy |

naaien (kleren, enz.)	тигүү	tigyy
borduren (ww)	сайма сайуу	sajma sajɯu
borduursel (het)	сайма	sajma
naald (de)	ийне	ijne
draad (de)	жип	dʒip
naad (de)	тигиш	tigiʃ

vies worden (ww)	булгап алуу	bulgap aluu
vlek (de)	так	tak
gekreukt raken (ov. kleren)	бырышып калуу	bɯrɯʃɯp kaluu
scheuren (ov.ww.)	айрылуу	ajrɯluu
mot (de)	күбө	kybø

39. Persoonlijke verzorging. Schoonheidsmiddelen

tandpasta (de)	тиш пастасы	tiʃ pastasɯ
tandenborstel (de)	тиш щёткасы	tiʃ ʃtʃotkasɯ
tanden poetsen (ww)	тиш жуу	tiʃ dʒuu

scheermes (het)	устара	ustara
scheerschuim (het)	кырынуу үчүн көбүк	kɯrɯnuu ytʃyn købyk
zich scheren (ww)	кырынуу	kɯrɯnuu

| zeep (de) | самын | samɯn |
| shampoo (de) | шампунь | ʃampunʲ |

schaar (de)	кайчы	kajtʃɯ
nagelvijl (de)	тырмак өгөө	tɯrmak øgøø
nagelknipper (de)	тырмак кычкачы	tɯrmak kɯtʃkatʃɯ
pincet (het)	искек	iskek

cosmetica (mv.)	упа-эндик	upa-endik
masker (het)	маска	maska
manicure (de)	маникюр	manikɯr
manicure doen	маникюр жасоо	manikdʒɯr dʒasoo
pedicure (de)	педикюр	pedikɯr

cosmetica tasje (het)	косметичка	kosmetitʃka
poeder (de/het)	упа	upa
poederdoos (de)	упа кутусу	upa kutusu
rouge (de)	эндик	endik

parfum (de/het)	атыр	atɯr
eau de toilet (de)	туалет атыр суусу	tualet atɯr suusu
lotion (de)	лосьон	losʲon
eau de cologne (de)	одеколон	odekolon

oogschaduw (de)	көз боёгу	køz bojogu
oogpotlood (het)	көз карандашы	køz karandaʃɯ
mascara (de)	кирпик үчүн боек	kirpik ytʃyn boek
lippenstift (de)	эрин помадасы	erin pomadasɯ

nagellak (de)	тырмак үчүн лак	tırmak ytʃyn lak
haarlak (de)	чач үчүн лак	tʃatʃ ytʃyn lak
deodorant (de)	дезодорант	dezodorant

crème (de)	крем	krem
gezichtscrème (de)	бетмай	betmaj
handcrème (de)	кол үчүн май	kol ytʃyn maj
antirimpelcrème (de)	бырыштарга каршы бет май	bırıʃtarga karʃı bet maj
dagcrème (de)	күндүзгү бет май	kyndyzgy bet maj
nachtcrème (de)	түнкү бет май	tynky bet maj
dag- (abn)	күндүзгү	kyndyzgy
nacht- (abn)	түнкү	tynky

tampon (de)	тампон	tampon
toiletpapier (het)	даарат кагазы	daarat kagazı
föhn (de)	фен	fen

40. Horloges. Klokken

polshorloge (het)	кол саат	kol saat
wijzerplaat (de)	циферблат	tsıferblat
wijzer (de)	жебе	dʒebe
metalen horlogeband (de)	браслет	braslet
horlogebandje (het)	кайыш кур	kajıʃ kur

batterij (de)	батарейка	batarejka
leeg zijn (ww)	зарядканын түгөнүүсү	zarʲadkanın tygønyysy
batterij vervangen	батарейка алмаштыруу	batarejka almaʃtıruu
voorlopen (ww)	алдыга кетүү	aldıga ketyy
achterlopen (ww)	калуу	kaluu

wandklok (de)	дубалга тагуучу саат	dubalga taguutʃu saat
zandloper (de)	кум саат	kum saat
zonnewijzer (de)	күн саат	kyn saat
wekker (de)	ойготкуч саат	ojgotkutʃ saat
horlogemaker (de)	саат устасы	saat ustası
repareren (ww)	оңдоо	oŋdoo

ALLEDAAGSE ERVARING

41. Geld

geld (het)	акча	aktʃa
ruil (de)	алмаштыруу	almaʃtıruu
koers (de)	курс	kurs
geldautomaat (de)	банкомат	bankomat
muntstuk (de)	тыйын	tıjın
dollar (de)	доллар	dollar
euro (de)	евро	evro
lire (de)	италиялык лира	italijalık lira
Duitse mark (de)	немис маркасы	nemis markası
frank (de)	франк	frank
pond sterling (het)	фунт стерлинг	funt sterling
yen (de)	йена	jena
schuld (geldbedrag)	карыз	karız
schuldenaar (de)	карыздар	karızdar
uitlenen (ww)	карызга берүү	karızga beryy
lenen (geld ~)	карызга алуу	karızga aluu
bank (de)	банк	bank
bankrekening (de)	эсеп	esep
storten (ww)	салуу	saluu
op rekening storten	эсепке акча салуу	esepke aktʃa saluu
opnemen (ww)	эсептен акча чыгаруу	esepten aktʃa tʃıgaruu
kredietkaart (de)	насыя картасы	nasıja kartası
baar geld (het)	накталай акча	naktalaj aktʃa
cheque (de)	чек	tʃek
een cheque uitschrijven	чек жазып берүү	tʃek dʒazıp beryy
chequeboekje (het)	чек китепчеси	tʃek kiteptʃesi
portefeuille (de)	намыян	namıjan
geldbeugel (de)	капчык	kaptʃık
safe (de)	сейф	sejf
erfgenaam (de)	мураскер	murasker
erfenis (de)	мурас	muras
fortuin (het)	мүлк	mylk
huur (de)	ижара	idʒara
huurprijs (de)	батир акысы	batir akısı
huren (huis, kamer)	батирге алуу	batirge aluu
prijs (de)	баа	baa
kostprijs (de)	баа	baa

som (de)	сумма	summa
uitgeven (geld besteden)	коротуу	korotuu
kosten (mv.)	чыгым	tʃɩgɩm
bezuinigen (ww)	үнөмдөө	ynømdøø
zuinig (bn)	сарамжал	saramdʒal

betalen (ww)	төлөө	tøløø
betaling (de)	акы төлөө	akɩ tøløø
wisselgeld (het)	кайтарылган майда акча	kajtarɩlgan majda aktʃa

belasting (de)	салык	salɩk
boete (de)	айып	ajɩp
beboeten (bekeuren)	айып пул салуу	ajɩp pul saluu

42. Post. Postkantoor

postkantoor (het)	почта	potʃta
post (de)	почта	potʃta
postbode (de)	кат ташуучу	kat taʃuutʃu
openingsuren (mv.)	иш сааттары	iʃ saattarɩ

brief (de)	кат	kat
aangetekende brief (de)	тапшырык кат	tapʃɩrɩk kat
briefkaart (de)	открытка	otkrɩtka
telegram (het)	телеграмма	telegramma
postpakket (het)	посылка	posɩlka
overschrijving (de)	акча которуу	aktʃa kotoruu

ontvangen (ww)	алуу	aluu
sturen (zenden)	жөнөтүү	dʒønøtyy
verzending (de)	жөнөтүү	dʒønøtyy
adres (het)	дарек	darek
postcode (de)	индекс	indeks
verzender (de)	жөнөтүүчү	dʒønøtyytʃy
ontvanger (de)	алуучу	aluutʃu

naam (de)	аты	atɩ
achternaam (de)	фамилиясы	familijasɩ
tarief (het)	тариф	tarif
standaard (bn)	жөнөкөй	dʒønøkøj
zuinig (bn)	үнөмдүү	ynømdyy

gewicht (het)	салмак	salmak
afwegen (op de weegschaal)	таразалоо	tarazaloo
envelop (de)	конверт	konvert
postzegel (de)	марка	marka
een postzegel plakken op	марка жабыштыруу	marka dʒabɩʃtɩruu

43. Bankieren

| bank (de) | банк | bank |
| bankfiliaal (het) | бөлүм | bølym |

bankbediende (de)	кеңешчи	keŋeʃʧi
manager (de)	башкаруучу	baʃkaruutʃu
bankrekening (de)	эсеп	esep
rekeningnummer (het)	эсеп номери	esep nomeri
lopende rekening (de)	учурдагы эсеп	uʧurdagı esep
spaarrekening (de)	топтолмо эсеп	toptolmo esep
een rekening openen	эсеп ачуу	esep aʧuu
de rekening sluiten	эсеп жабуу	esep dʒabuu
op rekening storten	эсепке акча салуу	esepke akʧa saluu
opnemen (ww)	эсептен акча чыгаруу	esepten akʧa ʧıgaruu
storting (de)	аманат	amanat
een storting maken	аманат кылуу	amanat kıluu
overschrijving (de)	акча котоуу	akʧa kotoruu
een overschrijving maken	акча котоуу	akʧa kotoruu
som (de)	сумма	summa
Hoeveel?	Канча?	kanʧa?
handtekening (de)	кол тамга	kol tamga
ondertekenen (ww)	кол коюу	kol kojuu
kredietkaart (de)	насыя картасы	nasıja kartası
code (de)	код	kod
kredietkaartnummer (het)	насыя картанын номери	nasıja kartanın nomeri
geldautomaat (de)	банкомат	bankomat
cheque (de)	чек	ʧek
een cheque uitschrijven	чек жазып берүү	ʧek dʒazıp beryy
chequeboekje (het)	чек китепчеси	ʧek kitepʧesi
lening, krediet (de)	насыя	nasıja
een lening aanvragen	насыя үчүн кайрылуу	nasıja ytʃyn kajrıluu
een lening nemen	насыя алуу	nasıja aluu
een lening verlenen	насыя берүү	nasıja beryy
garantie (de)	кепилдик	kepildik

44. Telefoon. Telefoongesprek

telefoon (de)	телефон	telefon
mobieltje (het)	мобилдик	mobildik
antwoordapparaat (het)	автоматтык жооп берүүчү	avtomattık dʒoop beryytʃy
bellen (ww)	чалуу	ʧaluu
belletje (telefoontje)	чакыруу	ʧakıruu
een nummer draaien	номер терүү	nomer teryy
Hallo!	Алло!	allo!
vragen (ww)	суроо	suroo
antwoorden (ww)	жооп берүү	dʒoop beryy
horen (ww)	угуу	uguu
goed (bw)	жакшы	dʒakʃı

| slecht (bw) | жаман | dʒaman |
| storingen (mv.) | ызы-чуу | ızı-ʧuu |

hoorn (de)	трубка	trubka
opnemen (ww)	трубканы алуу	trubkanı aluu
ophangen (ww)	трубканы коюу	trubkanı kojʉu

bezet (bn)	бош эмес	boʃ emes
overgaan (ww)	шыӊгыроо	ʃıŋgıroo
telefoonboek (het)	телефондук китепче	telefonduk kiteptʃe

lokaal (bn)	жергиликтүү	dʒergiliktyy
lokaal gesprek (het)	жергиликтүү чакыруу	dʒergiliktyy ʧakıruu
interlokaal (bn)	шаар аралык	ʃaar aralık
interlokaal gesprek (het)	шаар аралык чакыруу	ʃaar aralık ʧakıruu
buitenlands (bn)	эл аралык	el aralık
buitenlands gesprek (het)	эл аралык чакыруу	el aralık ʧakıruu

45. Mobiele telefoon

mobieltje (het)	мобилдик	mobildik
scherm (het)	дисплей	displej
toets, knop (de)	баскыч	baskıʧ
simkaart (de)	SIM-карта	sim-karta

batterij (de)	батарея	batareja
leeg zijn (ww)	зарядканын түгөнүүсү	zarʹadkanın tygønyysy
acculader (de)	заряддоочу шайман	zarʹaddooʧu ʃajman

menu (het)	меню	menʉ
instellingen (mv.)	орнотуулар	ornotuular
melodie (beltoon)	обон	obon
selecteren (ww)	тандоо	tandoo

rekenmachine (de)	калькулятор	kalʹkulʹator
voicemail (de)	автоматтык жооп бергич	avtomattık dʒoop bergiʧ
wekker (de)	ойготкуч	ojgotkuʧ
contacten (mv.)	байланыштар	bajlanıʃtar

| SMS-bericht (het) | SMS-кабар | esemes-kabar |
| abonnee (de) | абонент | abonent |

46. Schrijfbehoeften

| balpen (de) | калем сап | kalem sap |
| vulpen (de) | калем уч | kalem uʧ |

potlood (het)	карандаш	karandaʃ
marker (de)	маркер	marker
viltstift (de)	фломастер	flomaster
notitieboekje (het)	дептерче	deptertʃe
agenda (boekje)	күндөлүк	kyndølyk

liniaal (de/het)	сызгыч	sızgıtʃ
rekenmachine (de)	калькулятор	kalʲkulʲator
gom (de)	өчүргүч	øtʃyrgytʃ
punaise (de)	кнопка	knopka
paperclip (de)	кыскыч	kıskıtʃ

lijm (de)	желим	dʒelim
nietmachine (de)	степлер	stepler
perforator (de)	тешкич	teʃkitʃ
potloodslijper (de)	учтагыч	utʃtagıtʃ

47. Vreemde talen

taal (de)	тил	til
vreemd (bn)	чет	tʃet
vreemde taal (de)	чет тил	tʃet til
leren (bijv. van buiten ~)	окуу	okuu
studeren (Nederlands ~)	үйрөнүү	yjrønyy

lezen (ww)	окуу	okuu
spreken (ww)	сүйлөө	syjløø
begrijpen (ww)	түшүнүү	tyʃynyy
schrijven (ww)	жазуу	dʒazuu

snel (bw)	тез	tez
langzaam (bw)	жай	dʒaj
vloeiend (bw)	эркин	erkin

regels (mv.)	эрежелер	eredʒeler
grammatica (de)	грамматика	grammatika
vocabulaire (het)	лексика	leksika
fonetiek (de)	фонетика	fonetika

leerboek (het)	китеп	kitep
woordenboek (het)	сөздүк	søzdyk
leerboek (het) voor zelfstudie	өзү үйрөткүч	øzy yjrøtkytʃ
taalgids (de)	тилачар	tilatʃar

cassette (de)	кассета	kasseta
videocassette (de)	видеокассета	videokasseta
CD (de)	CD, компакт-диск	sidi, kompakt-disk
DVD (de)	DVD-диск	dividi-disk

alfabet (het)	алфавит	alfavit
spellen (ww)	эжелеп айтуу	edʒelep ajtuu
uitspraak (de)	айтылышы	ajtılıʃı

accent (het)	акцент	aktsent
met een accent (bw)	акцент менен	aktsent menen
zonder accent (bw)	акцентсиз	aktsentsiz

woord (het)	сөз	søz
betekenis (de)	маани	maani
cursus (de)	курстар	kurstar

zich inschrijven (ww)	курска жазылуу	kurska dʒazıluu
leraar (de)	окутуучу	okutuutʃu
vertaling (een ~ maken)	котору	kotoruu
vertaling (tekst)	котормо	kotormo
vertaler (de)	котормочу	kotormotʃu
tolk (de)	оозеки котормочу	oozeki kotormotʃu
polyglot (de)	полиглот	poliglot
geheugen (het)	эс тутум	es tutum

MAALTIJDEN. RESTAURANT

48. Tafelschikking

lepel (de)	кашык	kaʃık
mes (het)	бычак	bıʧak
vork (de)	вилка	vilka
kopje (het)	чөйчөк	ʧøjʧøk
bord (het)	табак	tabak
schoteltje (het)	табак	tabak
servet (het)	майлык	majlık
tandenstoker (de)	тиш чукугуч	tiʃ ʧukuguʧ

49. Restaurant

restaurant (het)	ресторан	restoran
koffiehuis (het)	кофекана	kofekana
bar (de)	бар	bar
tearoom (de)	чай салону	ʧaj salonu
kelner, ober (de)	официант	ofitsiant
serveerster (de)	официант кыз	ofitsiant kız
barman (de)	бармен	barmen
menu (het)	меню	menʉ
wijnkaart (de)	шарап картасы	ʃarap kartası
een tafel reserveren	столду камдык буйрутмалоо	stoldu kamdık bujrutmaloo
gerecht (het)	тамак	tamak
bestellen (eten ~)	буйрутма кылуу	bujrutma kıluu
een bestelling maken	буйрутма берүү	bujrutma beryy
aperitief (de/het)	аперитив	aperitiv
voorgerecht (het)	ысылык	ısılık
dessert (het)	десерт	desert
rekening (de)	эсеп	esep
de rekening betalen	эсеп төлөө	esep tøløø
wisselgeld teruggeven	майда акчаны кайтаруу	majda akʧanı kajtaruu
fooi (de)	чайпул	ʧajpul

50. Maaltijden

eten (het)	тамак	tamak
eten (ww)	тамактануу	tamaktanuu

ontbijt (het)	таңкы тамак	taŋkı tamak
ontbijten (ww)	эртең менен тамактануу	erteŋ menen tamaktanuu
lunch (de)	түшкү тамак	tyʃky tamak
lunchen (ww)	түштөнүү	tyʃtønyy
avondeten (het)	кечки тамак	ketʃki tamak
souperen (ww)	кечки тамакты ичүү	ketʃki tamaktı itʃyy

| eetlust (de) | табит | tabit |
| Eet smakelijk! | Тамагыңыз таттуу болсун! | tamagıŋız tattuu bolsun! |

openen (een fles ~)	ачуу	atʃuu
morsen (koffie, enz.)	төгүп алуу	tøgyp aluu
zijn gemorst	төгүлүү	tøgylyy

koken (water kookt bij 100°C)	кайноо	kajnoo
koken (Hoe om water te ~)	кайнатуу	kajnatuu
gekookt (~ water)	кайнатылган	kajnatılgan
afkoelen (koeler maken)	суутуу	suutuu
afkoelen (koeler worden)	сууп туруу	suup turuu

| smaak (de) | даам | daam |
| nasmaak (de) | даамдануу | daamdanuu |

volgen een dieet	арыктоо	arıktoo
dieet (het)	мүнөз тамак	mynøz tamak
vitamine (de)	витамин	vitamin
calorie (de)	калория	kalorija
vegetariër (de)	эттен чанган	etten tʃangan
vegetarisch (bn)	этсиз даярдалган	etsiz dajardalgan

vetten (mv.)	майлар	majlar
eiwitten (mv.)	белоктор	beloktor
koolhydraten (mv.)	көмүрсуулар	kømyrsuular

snede (de)	кесим	kesim
stuk (bijv. een ~ taart)	бөлүк	bølyk
kruimel (de)	күкүм	kykym

51. Bereide gerechten

gerecht (het)	тамак	tamak
keuken (bijv. Franse ~)	даам	daam
recept (het)	тамак жасоо ыкмасы	tamak dʒasoo ıkması
portie (de)	порция	portsija

| salade (de) | салат | salat |
| soep (de) | сорпо | sorpo |

bouillon (de)	ынак сорпо	ınak sorpo
boterham (de)	бутерброд	buterbrod
spiegelei (het)	куурулган жумуртка	kuurulgan dʒumurtka
hamburger (de)	гамбургер	gamburger
biefstuk (de)	бифштекс	bifʃteks

garnering (de)	гарнир	garnir
spaghetti (de)	спагетти	spagetti
aardappelpuree (de)	эзилген картошка	ezilgen kartoʃka
pizza (de)	пицца	pitsa
pap (de)	ботко	botko
omelet (de)	омлет	omlet
gekookt (in water)	сууга бышырылган	suuga bıʃırılgan
gerookt (bn)	ышталган	ıʃtalgan
gebakken (bn)	куурулган	kuurulgan
gedroogd (bn)	кургатылган	kurgatılgan
diepvries (bn)	тоңдурулган	toŋdurulgan
gemarineerd (bn)	маринаддагы	marinaddagı
zoet (bn)	таттуу	tattuu
gezouten (bn)	туздуу	tuzduu
koud (bn)	муздак	muzdak
heet (bn)	ысык	ısık
bitter (bn)	ачуу	atʃuu
lekker (bn)	даамдуу	daamduu
koken (in kokend water)	кайнатуу	kajnatuu
bereiden (avondmaaltijd ~)	тамак бышыруу	tamak bıʃıruu
bakken (ww)	кууруу	kuuruu
opwarmen (ww)	жылытуу	dʒılıtuu
zouten (ww)	туздоо	tuzdoo
peperen (ww)	калемпир кошуу	kalempir koʃuu
raspen (ww)	сүргүлөө	syrgyløø
schil (de)	сырты	sırtı
schillen (ww)	тазалоо	tazaloo

52. Voedsel

vlees (het)	эт	et
kip (de)	тоок	took
kuiken (het)	балапан	balapan
eend (de)	өрдөк	ørdøk
gans (de)	каз	kaz
wild (het)	илбээсин	ilbeesin
kalkoen (de)	күрп	kyrp
varkensvlees (het)	чочко эти	tʃotʃko eti
kalfsvlees (het)	торпок эти	torpok eti
schapenvlees (het)	кой эти	koj eti
rundvlees (het)	уй эти	uj eti
konijnenvlees (het)	коён	koen
worst (de)	колбаса	kolbasa
saucijs (de)	сосиска	sosiska
spek (het)	бекон	bekon
ham (de)	ветчина	vettʃina
gerookte achterham (de)	сан эт	san et
paté (de)	паштет	paʃtet

lever (de)	боор	boor
gehakt (het)	фарш	farʃ
tong (de)	тил	til
ei (het)	жумуртка	dʒumurtka
eieren (mv.)	жумурткалар	dʒumurtkalar
eiwit (het)	жумуртканын агы	dʒumurtkanın agı
eigeel (het)	жумуртканын сарысы	dʒumurtkanın sarısı
vis (de)	балык	balık
zeevruchten (mv.)	деңиз азыктары	deŋiz azıktarı
schaaldieren (mv.)	рак сыяктуулар	rak sıjaktuular
kaviaar (de)	урук	uruk
krab (de)	краб	krab
garnaal (de)	креветка	krevetka
oester (de)	устрица	ustritsa
langoest (de)	лангуст	langust
octopus (de)	сегиз бут	segiz but
inktvis (de)	кальмар	kalʲmar
steur (de)	осетрина	osetrina
zalm (de)	лосось	lososʲ
heilbot (de)	палтус	paltus
kabeljauw (de)	треска	treska
makreel (de)	скумбрия	skumbrija
tonijn (de)	тунец	tunets
paling (de)	угорь	ugorʲ
forel (de)	форель	forelʲ
sardine (de)	сардина	sardina
snoek (de)	чортон	tʃorton
haring (de)	сельдь	selʲdʲ
brood (het)	нан	nan
kaas (de)	сыр	sır
suiker (de)	кум шекер	kum-ʃeker
zout (het)	туз	tuz
rijst (de)	күрүч	kyrytʃ
pasta (de)	макарон	makaron
noedels (mv.)	кесме	kesme
boter (de)	ак май	ak maj
plantaardige olie (de)	өсүмдүк майы	øsymdyk majı
zonnebloemolie (de)	күн карама майы	kyn karama majı
margarine (de)	маргарин	margarin
olijven (mv.)	зайтун	zajtun
olijfolie (de)	зайтун майы	zajtun majı
melk (de)	сүт	syt
gecondenseerde melk (de)	коютулган сүт	kojɥtulgan syt
yoghurt (de)	йогурт	jogurt
zure room (de)	сметана	smetana

room (de)	каймак	kajmak
mayonaise (de)	майонез	majonez
crème (de)	крем	krem

graan (het)	акшак	akʃak
meel (het), bloem (de)	ун	un
conserven (mv.)	консерва	konserva

maïsvlokken (mv.)	жарылган жүгөрү	dʒarılgan dʒygøry
honing (de)	бал	bal
jam (de)	джем, конфитюр	dʒem, konfitʉr
kauwgom (de)	сагыз	sagız

53. Drankjes

water (het)	суу	suu
drinkwater (het)	ичүүчү суу	itʃyytʃy suu
mineraalwater (het)	минерал суусу	mineral suusu

zonder gas	газсыз	gazsız
koolzuurhoudend (bn)	газдалган	gazdalgan
bruisend (bn)	газы менен	gazı menen
ijs (het)	муз	muz
met ijs	музу менен	muzu menen

alcohol vrij (bn)	алкоголсуз	alkogolsuz
alcohol vrije drank (de)	алкоголсуз ичимдик	alkogolsuz itʃimdik
frisdrank (de)	суусундук	suusunduk
limonade (de)	лимонад	limonad

alcoholische dranken (mv.)	спирт ичимдиктери	spirt itʃimdikteri
wijn (de)	шарап	ʃarap
witte wijn (de)	ак шарап	ak ʃarap
rode wijn (de)	кызыл шарап	kızıl ʃarap

likeur (de)	ликёр	likʲor
champagne (de)	шампан	ʃampan
vermout (de)	вермут	vermut

whisky (de)	виски	viski
wodka (de)	арак	arak
gin (de)	джин	dʒin
cognac (de)	коньяк	konjak
rum (de)	ром	rom

koffie (de)	кофе	kofe
zwarte koffie (de)	кара кофе	kara kofe
koffie (de) met melk	сүттөлгөн кофе	syttølgøn kofe
cappuccino (de)	капучино	kaputʃino
oploskoffie (de)	эрүүчү кофе	eryytʃy kofe

melk (de)	сүт	syt
cocktail (de)	коктейль	koktejlʲ
milkshake (de)	сүт коктейли	syt koktejli

sap (het)	шире	ʃire
tomatensap (het)	томат ширеси	tomat ʃiresi
sinaasappelsap (het)	апельсин ширеси	apelʲsin ʃiresi
vers geperst sap (het)	түз сыгылып алынган шире	tyz sıgılıp alıngan ʃire

bier (het)	сыра	sıra
licht bier (het)	ачык сыра	atʃık sıra
donker bier (het)	коңур сыра	koŋur sıra

thee (de)	чай	tʃaj
zwarte thee (de)	кара чай	kara tʃaj
groene thee (de)	жашыл чай	dʒaʃıl tʃaj

54. Groenten

| groenten (mv.) | жашылча | dʒaʃıltʃa |
| verse kruiden (mv.) | көк чөп | køk tʃøp |

tomaat (de)	помидор	pomidor
augurk (de)	бадыраң	badıraŋ
wortel (de)	сабиз	sabiz
aardappel (de)	картошка	kartoʃka
ui (de)	пияз	pijaz
knoflook (de)	сарымсак	sarımsak

kool (de)	капуста	kapusta
bloemkool (de)	гүлдүү капуста	gyldyy kapusta
spruitkool (de)	брюссель капустасы	brusselʲ kapustası
broccoli (de)	брокколи капустасы	brokkoli kapustası

rode biet (de)	кызылча	kızıltʃa
aubergine (de)	баклажан	bakladʒan
courgette (de)	кабачок	kabatʃok
pompoen (de)	ашкабак	aʃkabak
raap (de)	шалгам	ʃalgam

peterselie (de)	петрушка	petruʃka
dille (de)	укроп	ukrop
sla (de)	салат	salat
selderij (de)	сельдерей	selʲderej

| asperge (de) | спаржа | spardʒa |
| spinazie (de) | шпинат | ʃpinat |

| erwt (de) | нокот | nokot |
| bonen (mv.) | буурчак | buurtʃak |

| maïs (de) | жүгөрү | dʒygøry |
| nierboon (de) | төө буурчак | tøø buurtʃak |

peper (de)	таттуу перец	tattuu perets
radijs (de)	шалгам	ʃalgam
artisjok (de)	артишок	artiʃok

55. Vruchten. Noten

vrucht (de)	мөмө	mømø
appel (de)	алма	alma
peer (de)	алмурут	almurut
citroen (de)	лимон	limon
sinaasappel (de)	апельсин	apelʼsin
aardbei (de)	кулпунай	kulpunaj

mandarijn (de)	мандарин	mandarin
pruim (de)	кара өрүк	kara øryk
perzik (de)	шабдаалы	ʃabdaalɪ
abrikoos (de)	өрүк	øryk
framboos (de)	дан куурай	dan kuuraj
ananas (de)	ананас	ananas

banaan (de)	банан	banan
watermeloen (de)	арбуз	arbuz
druif (de)	жүзүм	dʒyzym
zure kers (de)	алча	altʃa
zoete kers (de)	гилас	gilas
meloen (de)	коон	koon

grapefruit (de)	грейпфрут	grejpfrut
avocado (de)	авокадо	avokado
papaja (de)	папайя	papaja
mango (de)	манго	mango
granaatappel (de)	анар	anar

rode bes (de)	кызыл карагат	kɪzɪl karagat
zwarte bes (de)	кара карагат	kara karagat
kruisbes (de)	крыжовник	krɪdʒovnik
blauwe bosbes (de)	кара моюл	kara mojʉl
braambes (de)	кара бүлдүркөн	kara byldyrkøn

rozijn (de)	мейиз	mejiz
vijg (de)	анжир	andʒir
dadel (de)	курма	kurma

pinda (de)	арахис	araχis
amandel (de)	бадам	badam
walnoot (de)	жаңгак	dʒaŋgak
hazelnoot (de)	токой жаңгагы	tokoj dʒaŋgagɪ
kokosnoot (de)	кокос жаңгагы	kokos dʒaŋgagɪ
pistaches (mv.)	мисте	miste

56. Brood. Snoep

suikerbakkerij (de)	кондитер азыктары	konditer azɪktarɪ
brood (het)	нан	nan
koekje (het)	печенье	petʃenje
chocolade (de)	шоколад	ʃokolad
chocolade- (abn)	шоколаддан	ʃokoladdan

snoepje (het)	конфета	konfeta
cakeje (het)	пирожное	pirodʒnoe
taart (bijv. verjaardags~)	торт	tort
pastei (de)	пирог	pirog
vulling (de)	начинка	natʃinka
confituur (de)	кыям	kıjam
marmelade (de)	мармелад	marmelad
wafel (de)	вафли	vafli
ijsje (het)	бал муздак	bal muzdak
pudding (de)	пудинг	puding

57. Kruiden

zout (het)	туз	tuz
gezouten (bn)	туздуу	tuzduu
zouten (ww)	туздоо	tuzdoo
zwarte peper (de)	кара мурч	kara murtʃ
rode peper (de)	кызыл калемпир	kızıl kalempir
mosterd (de)	горчица	gortʃitsa
mierikswortel (de)	хрен	χren
condiment (het)	татымал	tatımal
specerij, kruiderij (de)	татымал	tatımal
saus (de)	соус	sous
azijn (de)	уксус	uksus
anijs (de)	анис	anis
basilicum (de)	райхон	rajχon
kruidnagel (de)	гвоздика	gvozdika
gember (de)	имбирь	imbirʲ
koriander (de)	кориандр	koriandr
kaneel (de/het)	корица	koritsa
sesamzaad (het)	кунжут	kundʒut
laurierblad (het)	лавр жалбырагы	lavr dʒalbıragı
paprika (de)	паприка	paprika
komijn (de)	зира	zira
saffraan (de)	заапаран	zaaparan

PERSOONLIJKE INFORMATIE. FAMILIE

58. Persoonlijke informatie. Formulieren

naam (de)	аты	atı
achternaam (de)	фамилиясы	familijası
geboortedatum (de)	төрөлгөн күнү	tørølgøn kyny
geboorteplaats (de)	туулган жери	tuulgan dʒeri
nationaliteit (de)	улуту	ulutu
woonplaats (de)	жашаган жери	dʒaʃagan dʒeri
land (het)	өлкө	ølkø
beroep (het)	кесиби	kesibi
geslacht (ov. het vrouwelijk ~)	жынысы	dʒınısı
lengte (de)	бою	bojʉ
gewicht (het)	салмак	salmak

59. Familieleden. Verwanten

moeder (de)	эне	ene
vader (de)	ата	ata
zoon (de)	уул	uul
dochter (de)	кыз	kız
jongste dochter (de)	кичүү кыз	kitʃyy kız
jongste zoon (de)	кичүү уул	kitʃyy uul
oudste dochter (de)	улуу кыз	uluu kız
oudste zoon (de)	улуу уул	uluu uul
broer (de)	бир тууган	bir tuugan
oudere broer (de)	байке	bajke
jongere broer (de)	ини	ini
zuster (de)	бир тууган	bir tuugan
oudere zuster (de)	эже	edʒe
jongere zuster (de)	синди	siŋdi
neef (zoon van oom, tante)	атасы же энеси бир тууган	atası dʒe enesi bir tuugan
nicht (dochter van oom, tante)	атасы же энеси бир тууган	atası dʒe enesi bir tuugan
mama (de)	апа	apa
papa (de)	ата	ata
ouders (mv.)	ата-эне	ata-ene
kind (het)	бала	bala
kinderen (mv.)	балдар	baldar

oma (de)	чоң апа	tʃoŋ apa
opa (de)	чоң ата	tʃoŋ ata
kleinzoon (de)	небере бала	nebere bala
kleindochter (de)	небере кыз	nebere kız
kleinkinderen (mv.)	неберелер	nebereler

oom (de)	таяке	tajake
tante (de)	таяже	tajadʒe
neef (zoon van broer, zus)	ини	ini
nicht (dochter van broer, zus)	жээн	dʒeen

schoonmoeder (de)	кайын эне	kajın ene
schoonvader (de)	кайын ата	kajın ata
schoonzoon (de)	күйөө бала	kyjøø bala
stiefmoeder (de)	өгөй эне	øgøj ene
stiefvader (de)	өгөй ата	øgøj ata

zuigeling (de)	эмчектеги бала	emtʃektegi bala
wiegenkind (het)	ымыркай	ımırkaj
kleuter (de)	бөбөк	bøbøk

vrouw (de)	аял	ajal
man (de)	эр	er
echtgenoot (de)	күйөө	kyjøø
echtgenote (de)	зайып	zajıp

gehuwd (mann.)	аялы бар	ajalı bar
gehuwd (vrouw.)	күйөөдө	kyjøødø
ongehuwd (mann.)	бойдок	bojdok
vrijgezel (de)	бойдок	bojdok
gescheiden (bn)	ажырашкан	adʒıraʃkan
weduwe (de)	жесир	dʒesir
weduwnaar (de)	жесир	dʒesir

familielid (het)	тууган	tuugan
dichte familielid (het)	жакын тууган	dʒakın tuugan
verre familielid (het)	алыс тууган	alıs tuugan
familieleden (mv.)	бир тууган	bir tuugan

wees (de), weeskind (het)	жетим	dʒetim
voogd (de)	камкорчу	kamkortʃu
adopteren (een jongen te ~)	уул кылып асырап алуу	uul kılıp asırap aluu
adopteren (een meisje te ~)	кыз кылып асырап алуу	kız kılıp asırap aluu

60. Vrienden. Collega's

vriend (de)	дос	dos
vriendin (de)	курбу	kurbu
vriendschap (de)	достук	dostuk
bevriend zijn (ww)	достошуу	dostoʃuu

makker (de)	шерик	ʃerik
vriendin (de)	шерик кыз	ʃerik kız
partner (de)	өнөктөш	ønøktøʃ

chef (de)	башчы	baʃtʃɪ
baas (de)	башчы	baʃtʃɪ
eigenaar (de)	кожоюн	kodʒodʒʉn
ondergeschikte (de)	кол астындагы	kol astɪndagɪ
collega (de)	кесиптеш	kesipteʃ
kennis (de)	тааныш	taanɪʃ
medereiziger (de)	жолдош	dʒoldoʃ
klasgenoot (de)	классташ	klasstaʃ
buurman (de)	кошуна	koʃuna
buurvrouw (de)	кошуна	koʃuna
buren (mv.)	кошуналар	koʃunalar

MENSELIJK LICHAAM. GENEESKUNDE

61. Hoofd

hoofd (het)	баш	baʃ
gezicht (het)	бет	bet
neus (de)	мурун	murun
mond (de)	ооз	ooz
oog (het)	көз	køz
ogen (mv.)	көздөр	køzdør
pupil (de)	карек	karek
wenkbrauw (de)	каш	kaʃ
wimper (de)	кирпик	kirpik
ooglid (het)	кабак	kabak
tong (de)	тил	til
tand (de)	тиш	tiʃ
lippen (mv.)	эриндер	erinder
jukbeenderen (mv.)	бет сөөгү	bet søøgy
tandvlees (het)	тиш эти	tiʃ eti
gehemelte (het)	таңдай	taŋdaj
neusgaten (mv.)	мурун тешиги	murun teʃigi
kin (de)	ээк	eek
kaak (de)	жаак	dʒaak
wang (de)	бет	bet
voorhoofd (het)	чеке	tʃeke
slaap (de)	чыкый	tʃɪkɪj
oor (het)	кулак	kulak
achterhoofd (het)	желке	dʒelke
hals (de)	моюн	mojʉn
keel (de)	тамак	tamak
haren (mv.)	чач	tʃatʃ
kapsel (het)	чач жасоо	tʃatʃ dʒasoo
haarsnit (de)	чач кыркуу	tʃatʃ kɪrkuu
pruik (de)	парик	parik
snor (de)	мурут	murut
baard (de)	сакал	sakal
dragen (een baard, enz.)	мурут коюу	murut kojʉu
vlecht (de)	өрүм чач	ørym tʃatʃ
bakkebaarden (mv.)	бакенбарда	bakenbarda
ros (roodachtig, rossig)	сары	sarı
grijs (~ haar)	ак чачтуу	ak tʃatʃtuu
kaal (bn)	таз	taz
kale plek (de)	кашка	kaʃka

paardenstaart (de)	куйрук	kujruk
pony (de)	көкүл	køkyl

62. Menselijk lichaam

hand (de)	беш манжа	beʃ mandʒa
arm (de)	кол	kol

vinger (de)	манжа	mandʒa
teen (de)	манжа	mandʒa
duim (de)	бармак	barmak
pink (de)	чыпалак	ʧɪpalak
nagel (de)	тырмак	tɪrmak

vuist (de)	муштум	muʃtum
handpalm (de)	алакан	alakan
pols (de)	билек	bilek
voorarm (de)	каруу	karuu
elleboog (de)	чыканак	ʧɪkanak
schouder (de)	ийин	ijin

been (rechter ~)	бут	but
voet (de)	таман	taman
knie (de)	тизе	tize
kuit (de)	балтыр	baltɪr
heup (de)	сан	san
hiel (de)	согончок	sogonʧok

lichaam (het)	дене	dene
buik (de)	курсак	kursak
borst (de)	төш	tøʃ
borst (de)	эмчек	emʧek
zijde (de)	каптал	kaptal
rug (de)	арка жон	arka dʒon
lage rug (de)	бел	bel
taille (de)	бел	bel

navel (de)	киндик	kindik
billen (mv.)	жамбаш	dʒambaʃ
achterwerk (het)	көчүк	køʧyk

huidvlek (de)	мең	meŋ
moedervlek (de)	кал	kal
tatoeage (de)	татуировка	tatuirovka
litteken (het)	тырык	tɪrɪk

63. Ziekten

ziekte (de)	оору	ooru
ziek zijn (ww)	ооруу	ooruu
gezondheid (de)	ден-соолук	den-sooluk
snotneus (de)	мурдунан суу агуу	murdunan suu aguu

angina (de)	ангина	angina
verkoudheid (de)	суук тийүү	suuk tijyy
verkouden raken (ww)	суук тийгизип алуу	suuk tijgizip aluu

bronchitis (de)	бронхит	bronχit
longontsteking (de)	кабыргадан сезгенүү	kabırgadan sezgenyy
griep (de)	сасык тумоо	sasık tumoo

bijziend (bn)	алыстан көрө албоо	alıstan körö alboo
verziend (bn)	жакындан көрө албоо	dʒakından körö alboo
scheelheid (de)	кылый көздүүлүк	kılıj közdyylyk
scheel (bn)	кылый көздүүлүк	kılıj közdyylyk
grauwe staar (de)	челкөз	tʃelkøz
glaucoom (het)	глаукома	glaukoma

beroerte (de)	мээге кан куюлуу	meege kan kujuluu
hartinfarct (het)	инфаркт	infarkt
myocardiaal infarct (het)	инфаркт миокарда	infarkt miokarda
verlamming (de)	шал	ʃal
verlammen (ww)	шал болуу	ʃal boluu

allergie (de)	аллергия	allergija
astma (de/het)	астма	astma
diabetes (de)	диабет	diabet

| tandpijn (de) | тиш оорусу | tiʃ oorusu |
| tandbederf (het) | кариес | karies |

diarree (de)	ич өткү	itʃ øtky
constipatie (de)	ич катуу	itʃ katuu
maagstoornis (de)	ич бузулгандык	itʃ buzulgandık
voedselvergiftiging (de)	уулануу	uulanuu
voedselvergiftiging oplopen	уулануу	uulanuu

artritis (de)	артрит	artrit
rachitis (de)	итий	itij
reuma (het)	кызыл жүгүрүк	kızıl dʒygyryk
arteriosclerose (de)	атеросклероз	ateroskleroz

gastritis (de)	карын сезгенүүсу	karın sezgenyysu
blindedarmontsteking (de)	аппендицит	appenditsit
galblaasontsteking (de)	холецистит	χoletsistit
zweer (de)	жара	dʒara

mazelen (mv.)	кызылча	kızıltʃa
rodehond (de)	кызамык	kızamık
geelzucht (de)	сарык	sarık
leverontsteking (de)	гепатит	gepatit

schizofrenie (de)	шизофрения	ʃizofrenija
dolheid (de)	кутурма	kuturma
neurose (de)	невроз	nevroz
hersenschudding (de)	мээнин чайкалышы	meenin tʃajkalıʃı

| kanker (de) | рак | rak |
| sclerose (de) | склероз | skleroz |

multiple sclerose (de)	жайылган склероз	dʒajılgan skleroz
alcoholisme (het)	аракечтик	araketʃtik
alcoholicus (de)	аракеч	araketʃ
syfilis (de)	котон жара	koton dʒara
AIDS (de)	СПИД	spid
tumor (de)	шишик	ʃiʃik
kwaadaardig (bn)	залалдуу	zalalduu
goedaardig (bn)	залалсыз	zalalsız
koorts (de)	безгек	bezgek
malaria (de)	безгек	bezgek
gangreen (het)	кабыз	kabız
zeeziekte (de)	дениз оорусу	deniz oorusu
epilepsie (de)	талма	talma
epidemie (de)	эпидемия	epidemija
tyfus (de)	келте	kelte
tuberculose (de)	кургак учук	kurgak utʃuk
cholera (de)	холера	χolera
pest (de)	кара тумоо	kara tumoo

64. Symptomen. Behandelingen. Deel 1

symptoom (het)	белги	belgi
temperatuur (de)	дене табынын көтөрүлүшү	dene tabının køtørylyʃy
verhoogde temperatuur (de)	жогорку температура	dʒogorku temperatura
polsslag (de)	тамыр кагышы	tamır kagıʃı
duizeling (de)	баш айлануу	baʃ ajlanuu
heet (erg warm)	ысык	ısık
koude rillingen (mv.)	чыйрыгуу	tʃıjrıguu
bleek (bn)	купкуу	kupkuu
hoest (de)	жөтөл	dʒøtøl
hoesten (ww)	жөтөлүү	dʒøtølyy
niezen (ww)	чүчкүрүү	tʃytʃkyryy
flauwte (de)	эси оо	esi oo
flauwvallen (ww)	эси ооп жыгылуу	esi oop dʒıgıluu
blauwe plek (de)	көк-ала	køk-ala
buil (de)	шишик	ʃiʃik
zich stoten (ww)	урунуп алуу	urunup aluu
kneuzing (de)	көгөртүп алуу	køgørtyp aluu
kneuzen (gekneusd zijn)	көгөртүп алуу	køgørtyp aluu
hinken (ww)	аксоо	aksoo
verstuiking (de)	муундун чыгып кетүүсү	muundun tʃıgıp ketyysy
verstuiken (enkel, enz.)	чыгарып алуу	tʃıgarıp aluu
breuk (de)	сынуу	sınuu
een breuk oplopen	сындырып алуу	sındırıp aluu
snijwond (de)	кесилген жер	kesilgen dʒer
zich snijden (ww)	кесип алуу	kesip aluu

bloeding (de)	кан кетүү	kan ketyy
brandwond (de)	күйүк	kyjyk
zich branden (ww)	күйгүзүп алуу	kyjgyzyp aluu

prikken (ww)	саюу	sajuu
zich prikken (ww)	сайып алуу	sajıp aluu
blesseren (ww)	кокустатып алуу	kokustatıp aluu
blessure (letsel)	кокустатып алуу	kokustatıp aluu
wond (de)	жара	dʒara
trauma (het)	жаракат	dʒarakat

ijlen (ww)	жөлүү	dʒølyy
stotteren (ww)	кекечтенүү	keketʃtenyy
zonnesteek (de)	күн өтүү	kyn øtyy

65. Symptomen. Behandelingen. Deel 2

| pijn (de) | оору | ooru |
| splinter (de) | тикен | tiken |

zweet (het)	тер	ter
zweten (ww)	тердөө	terdøø
braking (de)	кусуу	kusuu
stuiptrekkingen (mv.)	тарамыш карышуусу	taramıʃ karıʃuusu

zwanger (bn)	кош бойлуу	koʃ bojluu
geboren worden (ww)	төрөлүү	tørølyy
geboorte (de)	төрөт	tørøt
baren (ww)	төрөө	tørøø
abortus (de)	бойдон түшүрүү	bojdon tyʃyryy

ademhaling (de)	дем алуу	dem aluu
inademing (de)	дем алуу	dem aluu
uitademing (de)	дем чыгаруу	dem tʃıgaruu
uitademen (ww)	дем чыгаруу	dem tʃıgaruu
inademen (ww)	дем алуу	dem aluu

invalide (de)	майып	majıp
gehandicapte (de)	мунжу	mundʒu
drugsverslaafde (de)	баңги	baŋgi

doof (bn)	дүлөй	dyløj
stom (bn)	дудук	duduk
doofstom (bn)	дудук	duduk

krankzinnig (bn)	жин тийген	dʒin tijgen
krankzinnige (man)	жинди чалыш	dʒindi tʃalıʃ
krankzinnige (vrouw)	жинди чалыш	dʒindi tʃalıʃ
krankzinnig worden	мээси айныган	meesi ajnıgan

gen (het)	ген	gen
immuniteit (de)	иммунитет	immunitet
erfelijk (bn)	тукум куучулук	tukum kuutʃuluk
aangeboren (bn)	тубаса	tubasa

virus (het)	вирус	virus
microbe (de)	микроб	mikrob
bacterie (de)	бактерия	bakterija
infectie (de)	жугуштуу илдет	dʒuguʃtuu ildet

66. Symptomen. Behandelingen. Deel 3

| ziekenhuis (het) | оорукана | oorukana |
| patiënt (de) | бейтап | bejtap |

diagnose (de)	дарт аныктоо	dart anıktoo
genezing (de)	дарылоо	darıloo
medische behandeling (de)	дарылоо	darıloo
onder behandeling zijn	дарылануу	darılanuu
behandelen (ww)	дарылоо	darıloo
zorgen (zieken ~)	кароо	karoo
ziekenzorg (de)	кароо	karoo

operatie (de)	операция	operatsija
verbinden (een arm ~)	жараны таңуу	dʒaranı taŋuu
verband (het)	таңуу	taŋuu

vaccin (het)	эмдөө	emdøø
inenten (vaccineren)	эмдөө	emdøø
injectie (de)	ийне салуу	ijne saluu
een injectie geven	ийне сайдыруу	ijne sajdıruu

aanval (de)	оору кармап калуу	ooru karmap kaluu
amputatie (de)	кесүү	kesyy
amputeren (ww)	кесип таштоо	kesip taʃtoo
coma (het)	кома	koma
in coma liggen	комада болуу	komada boluu
intensieve zorg, ICU (de)	реанимация	reanimatsija

zich herstellen (ww)	сакаюу	sakajuu
toestand (de)	абал	abal
bewustzijn (het)	эсинде	esinde
geheugen (het)	эс тутум	es tutum

trekken (een kies ~)	тишти жулуу	tiʃti dʒuluu
vulling (de)	пломба	plomba
vullen (ww)	пломба салуу	plomba saluu

| hypnose (de) | гипноз | gipnoz |
| hypnotiseren (ww) | гипноз кылуу | gipnoz kıluu |

67. Geneeskunde. Medicijnen. Accessoires

geneesmiddel (het)	дары-дармек	darı-darmek
middel (het)	дары	darı
voorschrijven (ww)	жазып берүү	dʒazıp beryy
recept (het)	рецепт	retsept

tablet (de/het)	таблетка	tabletka
zalf (de)	май	maj
ampul (de)	ампула	ampula
drank (de)	аралашма	aralaʃma
siroop (de)	сироп	sirop
pil (de)	пилюля	pilюlʲa
poeder (de/het)	күкүм	kykym
verband (het)	бинт	bint
watten (mv.)	пахта	paχta
jodium (het)	йод	jod
pleister (de)	лейкопластырь	lejkoplastɪrʲ
pipet (de)	дары тамызгыч	darɪ tamɪzgɪʧ
thermometer (de)	градусник	gradusnik
spuit (de)	шприц	ʃpriʦ
rolstoel (de)	майып арабасы	majɪp arabasɪ
krukken (mv.)	колтук таяк	koltuk tajak
pijnstiller (de)	оору сездирбөөчү дары	ooru sezdirbөөʧy darɪ
laxeermiddel (het)	ич алдыруучу дары	iʧ aldɪruuʧu darɪ
spiritus (de)	спирт	spirt
medicinale kruiden (mv.)	дары чөптөр	darɪ ʧөptөr
kruiden- (abn)	чөп чайы	ʧөp ʧajɪ

APPARTEMENT

68. Appartement

appartement (het)	батир	batir
kamer (de)	бөлмө	bølmø
slaapkamer (de)	уктоочу бөлмө	uktootʃu bølmø
eetkamer (de)	ашкана	aʃkana
salon (de)	конок үйү	konok yjy
studeerkamer (de)	иш бөлмөсү	iʃ bølmøsy
gang (de)	кире бериш	kire beriʃ
badkamer (de)	ванная	vannaja
toilet (het)	даараткана	daaratkana
plafond (het)	шып	ʃɪp
vloer (de)	пол	pol
hoek (de)	бурч	burtʃ

69. Meubels. Interieur

meubels (mv.)	эмерек	emerek
tafel (de)	стол	stol
stoel (de)	стул	stul
bed (het)	керебет	kerebet
bankstel (het)	диван	divan
fauteuil (de)	олпок отургуч	olpok oturgutʃ
boekenkast (de)	китеп шкафы	kitep ʃkafɪ
boekenrek (het)	текче	tektʃe
kledingkast (de)	шкаф	ʃkaf
kapstok (de)	кийим илгич	kijim ilgitʃ
staande kapstok (de)	кийим илгич	kijim ilgitʃ
commode (de)	комод	komod
salontafeltje (het)	журнал столу	dʒurnal stolu
spiegel (de)	күзгү	kyzgy
tapijt (het)	килем	kilem
tapijtje (het)	килемче	kilemtʃe
haard (de)	очок	otʃok
kaars (de)	шам	ʃam
kandelaar (de)	шамдал	ʃamdal
gordijnen (mv.)	парда	parda
behang (het)	туш кагаз	tuʃ kagaz

jaloezie (de)	жалюзи	dʒaldʒʉzi
bureaulamp (de)	стол чырагы	stol tʃɪragɪ
wandlamp (de)	чырак	tʃɪrak
staande lamp (de)	торшер	torʃer
luchter (de)	асма шам	asma ʃam

poot (ov. een tafel, enz.)	бут	but
armleuning (de)	чыканак такооч	tʃɪkanak takootʃ
rugleuning (de)	жөлөнгүч	dʒøløngytʃ
la (de)	суурма	suurma

70. Beddengoed

beddengoed (het)	шейшеп	ʃejʃep
kussen (het)	жаздык	dʒazdɪk
kussenovertrek (de)	жаздык кап	dʒazdɪk kap
deken (de)	жууркан	dʒuurkan
laken (het)	шейшеп	ʃejʃep
sprei (de)	жапкыч	dʒapkɪtʃ

71. Keuken

keuken (de)	ашкана	aʃkana
gas (het)	газ	gaz
gasfornuis (het)	газ плитасы	gaz plitasɪ
elektrisch fornuis (het)	электр плитасы	elektr plitasɪ
oven (de)	духовка	duχovka
magnetronoven (de)	микротолкун меши	mikrotolkun meʃi

koelkast (de)	муздаткыч	muzdatkɪtʃ
diepvriezer (de)	тоңдургуч	toŋdurgutʃ
vaatwasmachine (de)	идиш жуучу машина	idiʃ dʒuutʃu maʃina

vleesmolen (de)	эт туурагыч	et tuuragɪtʃ
vruchtenpers (de)	шире сыккыч	ʃire sɪkkɪtʃ
toaster (de)	тостер	toster
mixer (de)	миксер	mikser

koffiemachine (de)	кофе кайнаткыч	kofe kajnatkɪtʃ
koffiepot (de)	кофе кайнатуучу идиш	kofe kajnatuutʃu idiʃ
koffiemolen (de)	кофе майдалагыч	kofe majdalagɪtʃ

fluitketel (de)	чайнек	tʃajnek
theepot (de)	чайнек	tʃajnek
deksel (de/het)	капкак	kapkak
theezeefje (het)	чыпка	tʃɪpka

lepel (de)	кашык	kaʃɪk
theelepeltje (het)	чай кашык	tʃaj kaʃɪk
eetlepel (de)	аш кашык	aʃ kaʃɪk
vork (de)	вилка	vilka
mes (het)	бычак	bɪtʃak

vaatwerk (het)	идиш-аяк	idiʃ-ajak
bord (het)	табак	tabak
schoteltje (het)	табак	tabak

likeurglas (het)	рюмка	rumka
glas (het)	ыстакан	ıstakan
kopje (het)	чөйчөк	ʧøjʧøk

suikerpot (de)	кум шекер салгыч	kum ʃeker salgıʧ
zoutvat (het)	туз салгыч	tuz salgıʧ
pepervat (het)	мурч салгыч	murʧ salgıʧ
boterschaaltje (het)	май салгыч	maj salgıʧ

pan (de)	мискей	miskej
bakpan (de)	табак	tabak
pollepel (de)	чөмүч	ʧømyʧ
vergiet (de/het)	депкир	depkir
dienblad (het)	батыныс	batınıs

fles (de)	бөтөлкө	bøtølkø
glazen pot (de)	банка	banka
blik (conserven~)	банка	banka

flesopener (de)	ачкыч	aʧkıʧ
blikopener (de)	ачкыч	aʧkıʧ
kurkentrekker (de)	штопор	ʃtopor
filter (de/het)	чыпка	ʧıpka
filteren (ww)	чыпкалоо	ʧıpkaloo

| huisvuil (het) | таштанды | taʃtandı |
| vuilnisemmer (de) | таштанды чака | taʃtandı ʧaka |

72. Badkamer

badkamer (de)	ванная	vannaja
water (het)	суу	suu
kraan (de)	чөргө	ʧørgø
warm water (het)	ысык суу	ısık suu
koud water (het)	муздак суу	muzdak suu

tandpasta (de)	тиш пастасы	tiʃ pastası
tanden poetsen (ww)	тиш жуу	tiʃ dʒuu
tandenborstel (de)	тиш щёткасы	tiʃ ʃʧotkası

zich scheren (ww)	кырынуу	kırınuu
scheercrème (de)	кырынуу үчүн көбүк	kırınuu yʧyn købyk
scheermes (het)	устара	ustara

wassen (ww)	жуу	dʒuu
een bad nemen	жуунуу	dʒuunuu
douche (de)	душ	duʃ
een douche nemen	душка түшүү	duʃka tyʃyy
bad (het)	ванна	vanna
toiletpot (de)	унитаз	unitaz

wastafel (de)	раковина	rakovina
zeep (de)	самын	samın
zeepbakje (het)	самын салгыч	samın salgıtʃ

spons (de)	губка	gubka
shampoo (de)	шампунь	ʃampunʲ
handdoek (de)	сүлгү	sylgy
badjas (de)	халат	χalat

was (bijv. handwas)	кир жуу	kir dʒuu
wasmachine (de)	кир жуучу машина	kir dʒuutʃu maʃina
de was doen	кир жуу	kir dʒuu
waspoeder (de)	кир жуучу порошок	kir dʒuutʃu poroʃok

73. Huishoudelijke apparaten

televisie (de)	сыналгы	sınalgı
cassettespeler (de)	магнитофон	magnitofon
videorecorder (de)	видеомагнитофон	videomagnitofon
radio (de)	үналгы	ynalgı
speler (de)	плеер	pleer

videoprojector (de)	видеопроектор	videoproektor
home theater systeem (het)	үй кинотеатры	yj kinoteatrı
DVD-speler (de)	DVD ойноткуч	dividi ojnotkutʃ
versterker (de)	күчөткүч	kytʃøtkytʃ
spelconsole (de)	оюн приставкасы	ojun pristavkası

videocamera (de)	видеокамера	videokamera
fotocamera (de)	фотоаппарат	fotoapparat
digitale camera (de)	санарип камерасы	sanarip kamerası

stofzuiger (de)	чаң соргуч	tʃaŋ sorgutʃ
strijkijzer (het)	үтүк	ytyk
strijkplank (de)	үтүктөөчү тактай	ytyktøøtʃy taktaj

telefoon (de)	телефон	telefon
mobieltje (het)	мобилдик	mobildik
schrijfmachine (de)	машинка	maʃinka
naaimachine (de)	кийим тигүүчү машинка	kijim tigyytʃy maʃinka

microfoon (de)	микрофон	mikrofon
koptelefoon (de)	кулакчын	kulaktʃın
afstandsbediening (de)	пульт	pulʲt

CD (de)	CD, компакт-диск	sidi, kompakt-disk
cassette (de)	кассета	kasseta
vinylplaat (de)	пластинка	plastinka

DE AARDE. WEER

74. De kosmische ruimte

kosmos (de)	космос	kosmos
kosmisch (bn)	космос	kosmos
kosmische ruimte (de)	космос мейкиндиги	kosmos mejkindigi
wereld (de)	дүйнө	dyjnø
heelal (het)	аалам	aalam
sterrenstelsel (het)	галактика	galaktika
ster (de)	жылдыз	dʒıldız
sterrenbeeld (het)	жылдыздар	dʒıldızdar
planeet (de)	планета	planeta
satelliet (de)	жолдош	dʒoldoʃ
meteoriet (de)	метеорит	meteorit
komeet (de)	комета	kometa
asteroïde (de)	астероид	asteroid
baan (de)	орбита	orbita
draaien (om de zon, enz.)	айлануу	ajlanuu
atmosfeer (de)	атмосфера	atmosfera
Zon (de)	күн	kyn
zonnestelsel (het)	күн системасы	kyn sisteması
zonsverduistering (de)	күндүн тутулушу	kyndyn tutuluʃu
Aarde (de)	Жер	dʒer
Maan (de)	Ай	aj
Mars (de)	Марс	mars
Venus (de)	Венера	venera
Jupiter (de)	Юпитер	jɵpiter
Saturnus (de)	Сатурн	saturn
Mercurius (de)	Меркурий	merkurij
Uranus (de)	Уран	uran
Neptunus (de)	Нептун	neptun
Pluto (de)	Плутон	pluton
Melkweg (de)	Саманчынын жолу	samantʃının dʒolu
Grote Beer (de)	Чоң Жетиген	tʃoŋ dʒetigen
Poolster (de)	Полярдык Жылдыз	polʲardık dʒıldız
marsmannetje (het)	марсианин	marsianin
buitenaards wezen (het)	инопланетянин	inoplanetʲanin
bovenaards (het)	келгин	kelgin

vliegende schotel (de)	учуучу табак	uʧuutʃu tabak
ruimtevaartuig (het)	космос кемеси	kosmos kemesi
ruimtestation (het)	орбитадагы станция	orbitadagı stantsija
start (de)	старт	start

motor (de)	кыймылдаткыч	kıjmıldatkıʧ
straalpijp (de)	сопло	soplo
brandstof (de)	күйгүчү май	kyjyyʧy may

| cabine (de) | кабина | kabina |
| antenne (de) | антенна | antenna |

patrijspoort (de)	иллюминатор	illuminator
zonnebatterij (de)	күн батареясы	kyn batarejası
ruimtepak (het)	скафандр	skafandr

| gewichtloosheid (de) | салмаксыздык | salmaksızdık |
| zuurstof (de) | кислород | kislorod |

| koppeling (de) | жалгаштыруу | dʒalgaʃtıruu |
| koppeling maken | жалгаштыруу | dʒalgaʃtıruu |

| observatorium (het) | обсерватория | observatorija |
| telescoop (de) | телескоп | teleskop |

| waarnemen (ww) | байкоо | bajkoo |
| exploreren (ww) | изилдөө | izildøø |

75. De Aarde

Aarde (de)	Жер	dʒer
aardbol (de)	жер шары	dʒer ʃarı
planeet (de)	планета	planeta

atmosfeer (de)	атмосфера	atmosfera
aardrijkskunde (de)	география	geografija
natuur (de)	табийгат	tabijgat

wereldbol (de)	глобус	globus
kaart (de)	карта	karta
atlas (de)	атлас	atlas

| Europa (het) | Европа | evropa |
| Azië (het) | Азия | azija |

| Afrika (het) | Африка | afrika |
| Australië (het) | Австралия | avstralija |

Amerika (het)	Америка	amerika
Noord-Amerika (het)	Северная Америка	severnaja amerika
Zuid-Amerika (het)	Южная Америка	juдʒnaja amerika

| Antarctica (het) | Антарктида | antarktida |
| Arctis (de) | Арктика | arktika |

76. Windrichtingen

noorden (het)	түндүк	tyndyk
naar het noorden	түндүккө	tyndykkø
in het noorden	түндүктө	tyndyktø
noordelijk (bn)	түндүк	tyndyk
zuiden (het)	түштүк	tyʃtyk
naar het zuiden	түштүккө	tyʃtykkø
in het zuiden	түштүктө	tyʃtyktø
zuidelijk (bn)	түштүк	tyʃtyk
westen (het)	батыш	batıʃ
naar het westen	батышка	batıʃka
in het westen	батышта	batıʃta
westelijk (bn)	батыш	batıʃ
oosten (het)	чыгыш	ʧıgıʃ
naar het oosten	чыгышка	ʧıgıʃka
in het oosten	чыгышта	ʧıgıʃta
oostelijk (bn)	чыгыш	ʧıgıʃ

77. Zee. Oceaan

zee (de)	деңиз	deŋiz
oceaan (de)	мухит	muχit
golf (baai)	булуң	buluŋ
straat (de)	кысык	kısık
grond (vaste grond)	жер	ʤer
continent (het)	материк	materik
eiland (het)	арал	aral
schiereiland (het)	жарым арал	ʤarım aral
archipel (de)	архипелаг	arχipelag
baai, bocht (de)	булуң	buluŋ
haven (de)	гавань	gavanʲ
lagune (de)	лагуна	laguna
kaap (de)	тумшук	tumʃuk
atol (de)	атолл	atoll
rif (het)	риф	rif
koraal (het)	маржан	marʤan
koraalrif (het)	маржан рифи	marʤan rifi
diep (bn)	терең	tereŋ
diepte (de)	терендик	tereŋdik
diepzee (de)	түбү жок	tyby ʤok
trog (bijv. Marianentrog)	ойдуң	ojduŋ
stroming (de)	агым	agım
omspoelen (ww)	курчап туруу	kurʧap turuu

oever (de)	жээк	dʒeek
kust (de)	жээк	dʒeek
vloed (de)	суунун көтөрүлүшү	suunun køtørylyſy
eb (de)	суунун тартылуусу	suunun tartıluusu
ondiepte (ondiep water)	тайыздык	tajızdık
bodem (de)	суунун түбү	suunun tyby
golf (hoge ~)	толкун	tolkun
golfkam (de)	толкундун кыры	tolkundun kırı
schuim (het)	көбүк	købyk
storm (de)	бороон чапкын	boroon tʃapkın
orkaan (de)	бороон	boroon
tsunami (de)	цунами	tsunami
windstilte (de)	штиль	ʃtilʲ
kalm (bijv. ~e zee)	тынч	tıntʃ
pool (de)	уюл	ujʉl
polair (bn)	полярдык	polʲardık
breedtegraad (de)	кеңдик	keŋdik
lengtegraad (de)	узундук	uzunduk
parallel (de)	параллель	parallelʲ
evenaar (de)	экватор	ekvator
hemel (de)	асман	asman
horizon (de)	горизонт	gorizont
lucht (de)	аба	aba
vuurtoren (de)	маяк	majak
duiken (ww)	сүңгүү	syŋgyy
zinken (ov. een boot)	чөгүп кетүү	tʃøgyp ketyy
schatten (mv.)	казына	kazına

78. Namen van zeeën en oceanen

Atlantische Oceaan (de)	Атлантика мухити	atlantika muχiti
Indische Oceaan (de)	Индия мухити	indija muχiti
Stille Oceaan (de)	Тынч мухити	tıntʃ muχiti
Noordelijke IJszee (de)	Түндүк Муз мухити	tyndyk muz muχiti
Zwarte Zee (de)	Кара деңиз	kara deŋiz
Rode Zee (de)	Кызыл деңиз	kızıl deŋiz
Gele Zee (de)	Сары деңиз	sarı deŋiz
Witte Zee (de)	Ак деңиз	ak deŋiz
Kaspische Zee (de)	Каспий деңизи	kaspij deŋizi
Dode Zee (de)	Өлүк деңиз	ølyk deŋiz
Middellandse Zee (de)	Жер Ортолук деңиз	dʒer ortoluk deŋiz
Egeïsche Zee (de)	Эгей деңизи	egej deŋizi
Adriatische Zee (de)	Адриатика деңизи	adriatika deŋizi
Arabische Zee (de)	Аравия деңизи	aravija deŋizi

Japanse Zee (de)	Япон деңизи	japon deŋizi
Beringzee (de)	Беринг деңизи	bering deŋizi
Zuid-Chinese Zee (de)	Түштүк-Кытай деңизи	tyʃtyk-kıtaj deŋizi
Koraalzee (de)	Маржан деңизи	mardʒan deŋizi
Tasmanzee (de)	Тасман деңизи	tasman deŋizi
Caribische Zee (de)	Кариб деңизи	karib deŋizi
Barentszzee (de)	Баренц деңизи	barenʦ deŋizi
Karische Zee (de)	Карск деңизи	karsk deŋizi
Noordzee (de)	Түндүк деңиз	tyndyk deŋiz
Baltische Zee (de)	Балтика деңизи	baltika deŋizi
Noorse Zee (de)	Норвегиялык деңизи	norvegijalık deŋizi

79. Bergen

berg (de)	тоо	too
bergketen (de)	тоо тизмеги	too tizmegi
gebergte (het)	тоо кыркалары	too kırkaları
bergtop (de)	чоку	ʧoku
bergpiek (de)	чоку	ʧoku
voet (ov. de berg)	тоо этеги	too etegi
helling (de)	эңкейиш	eŋkejiʃ
vulkaan (de)	вулкан	vulkan
actieve vulkaan (de)	күйүп жаткан	kyjyp dʒatkan
uitgedoofde vulkaan (de)	өчүп калган вулкан	øʧyp kalgan vulkan
uitbarsting (de)	атырылып чыгуу	atırılıp ʧıguu
krater (de)	кратер	krater
magma (het)	магма	magma
lava (de)	лава	lava
gloeiend (~e lava)	кызыган	kızıgan
kloof (canyon)	каньон	kanion
bergkloof (de)	капчыгай	kapʧıgaj
spleet (de)	жарака	dʒaraka
afgrond (de)	жар	dʒar
bergpas (de)	ашуу	aʃuu
plateau (het)	дөңсөө	døŋsøø
klip (de)	зоока	zooka
heuvel (de)	дөбө	døbø
gletsjer (de)	муз	muz
waterval (de)	шаркыратма	ʃarkıratma
geiser (de)	гейзер	gejzer
meer (het)	көл	køl
vlakte (de)	түздүк	tyzdyk
landschap (het)	теребел	terebel
echo (de)	жаңырык	dʒaŋırık

alpinist (de)	альпинист	alʲpinist
bergbeklimmer (de)	скалолаз	skalolaz
trotseren (berg ~)	багындыруу	bagındıruu
beklimming (de)	тоонун чокусуна чыгуу	toonun ʧokusuna ʧıguu

80. Bergen namen

Alpen (de)	Альп тоолору	alʲp tooloru
Mont Blanc (de)	Монблан	monblan
Pyreneeën (de)	Пиреней тоолору	pirenej tooloru
Karpaten (de)	Карпат тоолору	karpat tooloru
Oeralgebergte (het)	Урал тоолору	ural tooloru
Kaukasus (de)	Кавказ тоолору	kavkaz tooloru
Elbroes (de)	Эльбрус	elʲbrus
Altaj (de)	Алтай тоолору	altaj tooloru
Tiensjan (de)	Тянь-Шань	tjanʲ-ʃanʲ
Pamir (de)	Памир тоолору	pamir tooloru
Himalaya (de)	Гималай тоолору	gimalaj tooloru
Everest (de)	Эверест	everest
Andes (de)	Анд тоолору	and tooloru
Kilimanjaro (de)	Килиманджаро	kilimanʤaro

81. Rivieren

rivier (de)	дарыя	darıja
bron (~ van een rivier)	булак	bulak
rivierbedding (de)	сай	saj
rivierbekken (het)	бассейн	bassejn
uitmonden in ...	... кюю	... kujɵu
zijrivier (de)	куйма	kujma
oever (de)	жээк	ʤeek
stroming (de)	агым	agım
stroomafwaarts (bw)	агым боюнча	agım bojɵnʧa
stroomopwaarts (bw)	агымга каршы	agımga karʃı
overstroming (de)	ташкын	taʃkın
overstroming (de)	суу ташкыны	suu taʃkını
buiten zijn oevers treden	дайранын ташышы	dajranın taʃıʃı
overstromen (ww)	суу каптоо	suu kaptoo
zandbank (de)	тайыздык	tajızdık
stroomversnelling (de)	босого	bosogo
dam (de)	тогоон	togoon
kanaal (het)	канал	kanal
spaarbekken (het)	суу сактагыч	suu saktagıʧ
sluis (de)	шлюз	ʃlɵz

waterlichaam (het)	көлмө	kølmø
moeras (het)	саз	saz
broek (het)	баткак	batkak
draaikolk (de)	айлампа	ajlampa

stroom (de)	суу	suu
drink- (abn)	ичилчү суу	itʃiltʃy suu
zoet (~ water)	тузсуз	tuzsuz

| ijs (het) | муз | muz |
| bevriezen (rivier, enz.) | тоңуп калуу | toŋup kaluu |

82. Namen van rivieren

| Seine (de) | Сена | sena |
| Loire (de) | Луара | luara |

Theems (de)	Темза	temza
Rijn (de)	Рейн	rejn
Donau (de)	Дунай	dunaj

Wolga (de)	Волга	volga
Don (de)	Дон	don
Lena (de)	Лена	lena

Gele Rivier (de)	Хуанхэ	χuanχe
Blauwe Rivier (de)	Янцзы	jantszı
Mekong (de)	Меконг	mekong
Ganges (de)	Ганг	gang

Nijl (de)	Нил	nil
Kongo (de)	Конго	kongo
Okavango (de)	Окаванго	okavango
Zambezi (de)	Замбези	zambezi
Limpopo (de)	Лимпопо	limpopo
Mississippi (de)	Миссисипи	missisipi

83. Bos

| bos (het) | токой | tokoj |
| bos- (abn) | токойлуу | tokojluu |

oerwoud (dicht bos)	чытырман токой	tʃitırman tokoj
bosje (klein bos)	токойчо	tokojtʃo
open plek (de)	аянт	ajant

| struikgewas (het) | бадал | badal |
| struiken (mv.) | бадал | badal |

paadje (het)	чыйыр жол	tʃijır dʒol
ravijn (het)	жар	dʒar
boom (de)	дарак	darak

| blad (het) | жалбырак | dʒalbırak |
| gebladerte (het) | жалбырак | dʒalbırak |

vallende bladeren (mv.)	жалбырак түшүү мезгили	dʒalbırak tyʃyy mezgili
vallen (ov. de bladeren)	түшүү	tyʃyy
boomtop (de)	чоку	ʧoku

tak (de)	бутак	butak
ent (de)	бутак	butak
knop (de)	бүчүр	byʧyr
naald (de)	ийне	ijne
dennenappel (de)	тобурчак	toburʧak

boom holte (de)	көндөй	køŋdøj
nest (het)	уя	uja
hol (het)	ийин	ijin

stam (de)	сөңгөк	søŋgøk
wortel (bijv. boom~s)	тамыр	tamır
schors (de)	кыртыш	kırtıʃ
mos (het)	мох	moχ

ontwortelen (een boom)	дүмүрүн казуу	dymyryn kazuu
kappen (een boom ~)	кыюу	kıjɵu
ontbossen (ww)	токойду кыюу	tokojdu kıjɵu
stronk (de)	дүмүр	dymyr

kampvuur (het)	от	ot
bosbrand (de)	өрт	ørt
blussen (ww)	өчүрүү	øʧyryy

boswachter (de)	токойчу	tokojʧu
bescherming (de)	өсүмдүктөрдү коргоо	øsymdyktørdy korgoo
beschermen	сактоо	saktoo
(bijv. de natuur ~)		
stroper (de)	браконьер	brakonjer
val (de)	капкан	kapkan

plukken (paddestoelen ~)	терүү	teryy
plukken (bessen ~)	терүү	teryy
verdwalen (de weg kwijt zijn)	адашып кетүү	adaʃıp ketyy

84. Natuurlijke hulpbronnen

natuurlijke rijkdommen (mv.)	жаратылыш байлыктары	dʒaratılıʃ bajlıktarı
delfstoffen (mv.)	пайдалуу кендер	pajdaluu kender
lagen (mv.)	кен	ken
veld (bijv. olie~)	кендүү жер	kendyy dʒer

winnen (uit erts ~)	казуу	kazuu
winning (de)	казуу	kazuu
erts (het)	кен	ken
mijn (bijv. kolenmijn)	шахта	ʃaχta
mijnschacht (de)	шахта	ʃaχta

mijnwerker (de)	кенчи	kentʃi
gas (het)	газ	gaz
gasleiding (de)	газопровод	gazoprovod
olie (aardolie)	мунайзат	munajzat
olieleiding (de)	мунайзар түтүгү	munajzar tytygy
oliebron (de)	мунайзат скважинасы	munajzat skvadʒinasɪ
boortoren (de)	мунайзат мунарасы	munajzat munarasɪ
tanker (de)	танкер	tanker
zand (het)	кум	kum
kalksteen (de)	акиташ	akitaʃ
grind (het)	шагыл	ʃagɪl
veen (het)	торф	torf
klei (de)	ылай	ɪlaj
steenkool (de)	көмүр	kømyr
ijzer (het)	темир	temir
goud (het)	алтын	altɪn
zilver (het)	күмүш	kymyʃ
nikkel (het)	никель	nikelʲ
koper (het)	жез	dʒez
zink (het)	цинк	tsɪnk
mangaan (het)	марганец	marganets
kwik (het)	сымап	sɪmap
lood (het)	коргошун	korgoʃun
mineraal (het)	минерал	mineral
kristal (het)	кристалл	kristall
marmer (het)	мрамор	mramor
uraan (het)	уран	uran

85. Weer

weer (het)	аба-ырайы	aba-ɪrajɪ
weersvoorspelling (de)	аба-ырайы боюнча маалымат	aba-ɪrajɪ bojʉntʃa maalımat
temperatuur (de)	температура	temperatura
thermometer (de)	термометр	termometr
barometer (de)	барометр	barometr
vochtig (bn)	нымдуу	nɪmduu
vochtigheid (de)	ным	nɪm
hitte (de)	ысык	ɪsɪk
heet (bn)	кыйын ысык	kijɪn ɪsɪk
het is heet	ысык	ɪsɪk
het is warm	жылуу	dʒɪluu
warm (bn)	жылуу	dʒɪluu
het is koud	суук	suuk
koud (bn)	суук	suuk

zon (de)	күн	kyn
schijnen (de zon)	күн тийүү	kyn tijyy
zonnig (~e dag)	күн ачык	kyn atʃık
opgaan (ov. de zon)	чыгуу	tʃıguu
ondergaan (ww)	батуу	batuu

wolk (de)	булут	bulut
bewolkt (bn)	булуттуу	buluttuu
regenwolk (de)	булут	bulut
somber (bn)	күн бүркөк	kyn byrkøk

regen (de)	жамгыр	dʒamgır
het regent	жамгыр жаап жатат	dʒamgır dʒaap dʒatat
regenachtig (bn)	жаандуу	dʒaanduu
motregenen (ww)	дыбыратуу	dıbıratuu

plensbui (de)	нөшөрлөгөн жаан	nøʃørløgøn dʒaan
stortbui (de)	нөшөр	nøʃør
hard (bn)	катуу	katuu
plas (de)	көлчүк	køltʃyk
nat worden (ww)	суу болуу	suu boluu

mist (de)	туман	tuman
mistig (bn)	тумандуу	tumanduu
sneeuw (de)	кар	kar
het sneeuwt	кар жаап жатат	kar dʒaap dʒatat

86. Zwaar weer. Natuurrampen

noodweer (storm)	чагылгандуу жаан	tʃagılganduu dʒaan
bliksem (de)	чагылган	tʃagılgan
flitsen (ww)	жарк этүү	dʒark etyy

donder (de)	күн күркүрөө	kyn kyrkyrøø
donderen (ww)	күн күркүрөө	kyn kyrkyrøø
het dondert	күн күркүрөп жатат	kyn kyrkyrøp dʒatat

| hagel (de) | мөндүр | møndyr |
| het hagelt | мөндүр түшүп жатат | møndyr tyʃyp dʒatat |

| overstromen (ww) | суу каптоо | suu kaptoo |
| overstroming (de) | ташкын | taʃkın |

aardbeving (de)	жер титирөө	dʒer titirøø
aardschok (de)	жердин силкиниши	dʒerdin silkiniʃi
epicentrum (het)	эпицентр	epitsentr

| uitbarsting (de) | атырылып чыгуу | atırılıp tʃıguu |
| lava (de) | лава | lava |

wervelwind (de)	куюн	kujʉn
windhoos (de)	торнадо	tornado
tyfoon (de)	тайфун	tajfun
orkaan (de)	бороон	boroon

storm (de)	бороон чапкын	boroon ʧapkın
tsunami (de)	цунами	tsunami
cycloon (de)	циклон	tsıklon
onweer (het)	жаан-чачындуу күн	dʒaan-ʧaʧınduu kyn
brand (de)	өрт	ørt
ramp (de)	кыйроо	kıjroo
meteoriet (de)	метеорит	meteorit
lawine (de)	көчкү	køʧky
sneeuwverschuiving (de)	кар көчкүсү	kar køʧkysy
sneeuwjacht (de)	кар бороону	kar boroonu
sneeuwstorm (de)	бурганак	burganak

FAUNA

87. Zoogdieren. Roofdieren

roofdier (het)	жырткыч	dʒırtkıtʃ
tijger (de)	жолборс	dʒolbors
leeuw (de)	арстан	arstan
wolf (de)	карышкыр	karıʃkır
vos (de)	түлкү	tylky
jaguar (de)	ягуар	jaguar
luipaard (de)	леопард	leopard
jachtluipaard (de)	гепард	gepard
panter (de)	пантера	pantera
poema (de)	пума	puma
sneeuwluipaard (de)	илбирс	ilbirs
lynx (de)	сүлөөсүн	syløøsyn
coyote (de)	койот	kojot
jakhals (de)	чөө	tʃøø
hyena (de)	гиена	giena

88. Wilde dieren

dier (het)	жаныбар	dʒanıbar
beest (het)	жапайы жаныбар	dʒapajı dʒanıbar
eekhoorn (de)	тыйын чычкан	tıjın tʃıtʃkan
egel (de)	кирпичечен	kirpitʃetʃen
haas (de)	коен	koen
konijn (het)	коен	koen
das (de)	кашкулак	kaʃkulak
wasbeer (de)	енот	enot
hamster (de)	хомяк	χomʲak
marmot (de)	суур	suur
mol (de)	момолой	momoloj
muis (de)	чычкан	tʃıtʃkan
rat (de)	келемиш	kelemiʃ
vleermuis (de)	жарганат	dʒarganat
hermelijn (de)	арс чычкан	ars tʃıtʃkan
sabeldier (het)	киш	kiʃ
marter (de)	суусар	suusar
wezel (de)	ласка	laska
nerts (de)	норка	norka

bever (de)	кемчет	kemtʃet
otter (de)	кундуз	kunduz
paard (het)	жылкы	dʒɪlkɪ
eland (de)	багыш	bagɪʃ
hert (het)	бугу	bugu
kameel (de)	төө	tøø
bizon (de)	бизон	bizon
wisent (de)	зубр	zubr
buffel (de)	буйвол	bujvol
zebra (de)	зебра	zebra
antilope (de)	антилопа	antilopa
ree (de)	элик	elik
damhert (het)	лань	lanʲ
gems (de)	жейрен	dʒejren
everzwijn (het)	каман	kaman
walvis (de)	кит	kit
rob (de)	тюлень	tʉlenʲ
walrus (de)	морж	mordʒ
zeebeer (de)	деңиз мышыгы	deŋiz mɪʃɪgɪ
dolfijn (de)	дельфин	delʲfin
beer (de)	аюу	ajʉu
ijsbeer (de)	ак аюу	ak ajʉu
panda (de)	панда	panda
aap (de)	маймыл	majmɪl
chimpansee (de)	шимпанзе	ʃimpanze
orang-oetan (de)	орангутанг	orangutang
gorilla (de)	горилла	gorilla
makaak (de)	макака	makaka
gibbon (de)	гиббон	gibbon
olifant (de)	пил	pil
neushoorn (de)	керик	kerik
giraffe (de)	жираф	dʒiraf
nijlpaard (het)	бегемот	begemot
kangoeroe (de)	кенгуру	kenguru
koala (de)	коала	koala
mangoest (de)	мангуст	mangust
chinchilla (de)	шиншилла	ʃinʃilla
stinkdier (het)	скунс	skuns
stekelvarken (het)	чүткөр	tʃʏtkør

89. Huisdieren

poes (de)	ургаачы мышык	urgaatʃɪ mɪʃik
kater (de)	эркек мышык	erkek mɪʃik
hond (de)	ит	it

paard (het)	жылкы	dʒılkı
hengst (de)	айгыр	ajgır
merrie (de)	бээ	bee

koe (de)	уй	uj
bul, stier (de)	бука	buka
os (de)	өгүз	øgyz

schaap (het)	кой	koj
ram (de)	кочкор	kotʃkor
geit (de)	эчки	etʃki
bok (de)	теке	teke

| ezel (de) | эшек | eʃek |
| muilezel (de) | качыр | katʃır |

varken (het)	чочко	tʃotʃko
biggetje (het)	торопой	toropoj
konijn (het)	коен	koen

| kip (de) | тоок | took |
| haan (de) | короз | koroz |

eend (de)	өрдөк	ørdøk
woerd (de)	эркек өрдөк	erkek ørdøk
gans (de)	каз	kaz

| kalkoen haan (de) | күрп | kyrp |
| kalkoen (de) | ургаачы күрп | urgaatʃı kyrp |

huisdieren (mv.)	үй жаныбарлары	yj dʒanıbarları
tam (bijv. hamster)	колго үйрөтүлгөн	kolgo yjrøtylgøn
temmen (tam maken)	колго үйрөтүү	kolgo yjrøtyy
fokken (bijv. paarden ~)	өстүрүү	østyryy

boerderij (de)	ферма	ferma
gevogelte (het)	үй канаттулары	yj kanattuları
rundvee (het)	мал	mal
kudde (de)	бада	bada

paardenstal (de)	аткана	atkana
zwijnenstal (de)	чочкокана	tʃotʃkokana
koeienstal (de)	уйкана	ujkana
konijnenhok (het)	коенкана	koenkana
kippenhok (het)	тоокана	tookana

90. Vogels

vogel (de)	куш	kuʃ
duif (de)	көгүчкөн	køgytʃkøn
mus (de)	таранчы	tarantʃı
koolmees (de)	синица	sinitsa
ekster (de)	сагызган	sagızgan
raaf (de)	кузгун	kuzgun

kraai (de)	карга	karga
kauw (de)	таан	taan
roek (de)	чаркарга	tʃarkarga

eend (de)	өрдөк	ørdøk
gans (de)	каз	kaz
fazant (de)	кыргоол	kırgool

arend (de)	бүркүт	byrkyt
havik (de)	ителги	itelgi
valk (de)	шумкар	ʃumkar
gier (de)	жору	dʒoru
condor (de)	кондор	kondor

zwaan (de)	аккуу	akkuu
kraanvogel (de)	турна	turna
ooievaar (de)	илегилек	ilegilek

papegaai (de)	тотукуш	totukuʃ
kolibrie (de)	колибри	kolibri
pauw (de)	тоос	toos

struisvogel (de)	төө куш	tøø kuʃ
reiger (de)	көк кытан	køk kıtan
flamingo (de)	фламинго	flamingo
pelikaan (de)	биргазан	birgazan

| nachtegaal (de) | булбул | bulbul |
| zwaluw (de) | чабалекей | tʃabalekej |

lijster (de)	таркылдак	tarkıldak
zanglijster (de)	сайрагыч таркылдак	sajragıtʃ tarkıldak
merel (de)	кара таңдай таркылдак	kara taŋdaj tarkıldak

gierzwaluw (de)	кардыгач	kardıgatʃ
leeuwerik (de)	торгой	torgoj
kwartel (de)	бөдөнө	bødønø

specht (de)	тоңкулдак	toŋkuldak
koekoek (de)	күкүк	kykyk
uil (de)	мыкый үкү	mıkıj yky
oehoe (de)	үкү	yky
auerhoen (het)	керең кур	kereŋ kur
korhoen (het)	кара кур	kara kur
patrijs (de)	кекилик	kekilik

spreeuw (de)	чыйырчык	tʃıjırtʃık
kanarie (de)	канарейка	kanarejka
hazelhoen (het)	токой чили	tokoj tʃili

| vink (de) | зяблик | zʲablik |
| goudvink (de) | снегирь | snegirʲ |

meeuw (de)	ак чардак	ak tʃardak
albatros (de)	альбатрос	alʲbatros
pinguïn (de)	пингвин	pingvin

91. Vis. Zeedieren

brasem (de)	лещ	leʃʧ
karper (de)	карп	karp
baars (de)	окунь	okunʲ
meerval (de)	жаян	dʒajan
snoek (de)	чортон	ʧorton
zalm (de)	лосось	lososʲ
steur (de)	осётр	osʲotr
haring (de)	сельдь	selʲdʲ
atlantische zalm (de)	сёмга	sʲomga
makreel (de)	скумбрия	skumbrija
platvis (de)	камбала	kambala
snoekbaars (de)	судак	sudak
kabeljauw (de)	треска	treska
tonijn (de)	тунец	tunets
forel (de)	форель	forelʲ
paling (de)	угорь	ugorʲ
sidderrog (de)	скат	skat
murene (de)	мурена	murena
piranha (de)	пиранья	piranja
haai (de)	акула	akula
dolfijn (de)	дельфин	delʲfin
walvis (de)	кит	kit
krab (de)	краб	krab
kwal (de)	медуза	meduza
octopus (de)	сегиз бут	segiz but
zeester (de)	деңиз жылдызы	deŋiz dʒıldızı
zee-egel (de)	деңиз кирписи	deŋiz kirpisi
zeepaardje (het)	деңиз тайы	deŋiz tajı
oester (de)	устрица	ustritsa
garnaal (de)	креветка	krevetka
kreeft (de)	омар	omar
langoest (de)	лангуст	langust

92. Amfibieën. Reptielen

slang (de)	жылан	dʒılan
giftig (slang)	уулуу	uuluu
adder (de)	кара чаар жылан	kara ʧaar dʒılan
cobra (de)	кобра	kobra
python (de)	питон	piton
boa (de)	удав	udav
ringslang (de)	сары жылан	sarı dʒılan

ratelslang (de)	шакылдак жылан	ʃakıldak dʒılan
anaconda (de)	анаконда	anakonda
hagedis (de)	кескелдирик	keskeldirik
leguaan (de)	игуана	iguana
varaan (de)	эчкемер	etʃkemer
salamander (de)	саламандра	salamandra
kameleon (de)	хамелеон	χameleon
schorpioen (de)	чаян	tʃajan
schildpad (de)	ташбака	taʃbaka
kikker (de)	бака	baka
pad (de)	курбака	kurbaka
krokodil (de)	крокодил	krokodil

93. Insecten

insect (het)	курт-кумурска	kurt-kumurska
vlinder (de)	көпөлөк	køpøløk
mier (de)	кумурска	kumurska
vlieg (de)	чымын	tʃımın
mug (de)	чиркей	tʃirkej
kever (de)	коңуз	koŋuz
wesp (de)	аары	aarı
bij (de)	бал аары	bal aarı
hommel (de)	жапан аары	dʒapan aarı
horzel (de)	көгөөн	køgøøn
spin (de)	жөргөмүш	dʒørgømyʃ
spinnenweb (het)	желе	dʒele
libel (de)	ийнелик	ijnelik
sprinkhaan (de)	чегиртке	tʃegirtke
nachtvlinder (de)	көпөлөк	køpøløk
kakkerlak (de)	таракан	tarakan
teek (de)	кене	kene
vlo (de)	бүргө	byrgø
kriebelmug (de)	майда чымын	majda tʃımın
treksprinkhaan (de)	чегиртке	tʃegirtke
slak (de)	үлүл	ylyl
krekel (de)	кара чегиртке	kara tʃegirtke
glimworm (de)	жалтырак коңуз	dʒaltırak koŋuz
lieveheersbeestje (het)	айланкөчөк	ajlankøtʃøk
meikever (de)	саратан коңуз	saratan koŋuz
bloedzuiger (de)	сүлүк	sylyk
rups (de)	каз таман	kaz taman
aardworm (de)	жер курту	dʒer kurtu
larve (de)	курт	kurt

FLORA

94. Bomen

boom (de)	дарак	darak
loof- (abn)	жалбырактуу	ʤalbıraktuu
dennen- (abn)	ийне жалбырактуулар	ijne ʤalbıraktuular
groenblijvend (bn)	дайым жашыл	dajım ʤaʃıl
appelboom (de)	алма бак	alma bak
perenboom (de)	алмурут бак	almurut bak
zoete kers (de)	гилас	gilas
zure kers (de)	алча	altʃa
pruimelaar (de)	кара өрүк	kara øryk
berk (de)	ак кайың	ak kajıŋ
eik (de)	эмен	emen
linde (de)	жөкө дарак	ʤøkø darak
esp (de)	бай терек	baj terek
esdoorn (de)	клён	klʲon
spar (de)	кара карагай	kara karagaj
den (de)	карагай	karagaj
lariks (de)	лиственница	listvennitsa
zilverspar (de)	пихта	piχta
ceder (de)	кедр	kedr
populier (de)	терек	terek
lijsterbes (de)	четин	tʃetin
wilg (de)	мажүрүм тал	maʤyrym tal
els (de)	ольха	olʲχa
beuk (de)	бук	buk
iep (de)	кара жыгач	kara ʤıgatʃ
es (de)	ясень	jasenʲ
kastanje (de)	каштан	kaʃtan
magnolia (de)	магнолия	magnolija
palm (de)	пальма	palʲma
cipres (de)	кипарис	kiparis
mangrove (de)	мангро дарагы	mangro daragı
baobab (apenbroodboom)	баобаб	baobab
eucalyptus (de)	эвкалипт	evkalipt
mammoetboom (de)	секвойя	sekvoja

95. Heesters

struik (de)	бадал	badal
heester (de)	бадал	badal

wijnstok (de)	жүзүм	dʒyzym
wijngaard (de)	жүзүмдүк	dʒyzymdyk
frambozenstruik (de)	дан куурай	dan kuuraj
zwarte bes (de)	кара карагат	kara karagat
rode bessenstruik (de)	кызыл карагат	kızıl karagat
kruisbessenstruik (de)	крыжовник	krıdʒovnik
acacia (de)	акация	akatsija
zuurbes (de)	бөрү карагат	børy karagat
jasmijn (de)	жасмин	dʒasmin
jeneverbes (de)	кара арча	kara artʃa
rozenstruik (de)	роза бадалы	roza badalı
hondsroos (de)	ит мурун	it murun

96. Vruchten. Bessen

vrucht (de)	мөмө-жемиш	mømø-dʒemiʃ
vruchten (mv.)	мөмө-жемиш	mømø-dʒemiʃ
appel (de)	алма	alma
peer (de)	алмурут	almurut
pruim (de)	кара өрүк	kara øryk
aardbei (de)	кулпунай	kulpunaj
zure kers (de)	алча	altʃa
zoete kers (de)	гилас	gilas
druif (de)	жүзүм	dʒyzym
framboos (de)	дан куурай	dan kuuraj
zwarte bes (de)	кара карагат	kara karagat
rode bes (de)	кызыл карагат	kızıl karagat
kruisbes (de)	крыжовник	krıdʒovnik
veenbes (de)	клюква	klʉkva
sinaasappel (de)	апельсин	apelʲsin
mandarijn (de)	мандарин	mandarin
ananas (de)	ананас	ananas
banaan (de)	банан	banan
dadel (de)	курма	kurma
citroen (de)	лимон	limon
abrikoos (de)	өрүк	øryk
perzik (de)	шабдаалы	ʃabdaalı
kiwi (de)	киви	kivi
grapefruit (de)	грейпфрут	grejpfrut
bes (de)	жер жемиш	dʒer dʒemiʃ
bessen (mv.)	жер жемиштер	dʒer dʒemiʃter
vossenbes (de)	брусника	brusnika
bosaardbei (de)	кызылгат	kızılgat
blauwe bosbes (de)	кара моюл	kara mojʉl

97. Bloemen. Planten

bloem (de)	гүл	gyl
boeket (het)	десте	deste
roos (de)	роза	roza
tulp (de)	жоогазын	dʒoogazın
anjer (de)	гвоздика	gvozdika
gladiool (de)	гладиолус	gladiolus
korenbloem (de)	ботокөз	botokøz
klokje (het)	коңгуроо гүл	koŋguroo gyl
paardenbloem (de)	каакым-кукум	kaakım-kukum
kamille (de)	ромашка	romaʃka
aloë (de)	алоэ	aloe
cactus (de)	кактус	kaktus
ficus (de)	фикус	fikus
lelie (de)	лилия	lilija
geranium (de)	герань	geranʲ
hyacint (de)	гиацинт	giatsint
mimosa (de)	мимоза	mimoza
narcis (de)	нарцисс	nartsiss
Oost-Indische kers (de)	настурция	nasturtsija
orchidee (de)	орхидея	orχideja
pioenroos (de)	пион	pion
viooltje (het)	бинапша	binapʃa
driekleurig viooltje (het)	алагүл	alagyl
vergeet-mij-nietje (het)	незабудка	nezabudka
madeliefje (het)	маргаритка	margaritka
papaver (de)	кызгалдак	kızgaldak
hennep (de)	наша	naʃa
munt (de)	жалбыз	dʒalbız
lelietje-van-dalen (het)	ландыш	landıʃ
sneeuwklokje (het)	байчечекей	bajtʃetʃekej
brandnetel (de)	чалкан	tʃalkan
veldzuring (de)	ат кулак	at kulak
waterlelie (de)	чөмүч баш	tʃømytʃ baʃ
varen (de)	папоротник	paporotnik
korstmos (het)	лишайник	liʃajnik
oranjerie (de)	күнөскана	kynøskana
gazon (het)	газон	gazon
bloemperk (het)	клумба	klumba
plant (de)	өсүмдүк	øsymdyk
gras (het)	чөп	tʃøp
grasspriet (de)	бир тал чөп	bir tal tʃøp

blad (het)	жалбырак	ʤalbırak
bloemblad (het)	гүлдүн желекчеси	gyldyn ʤelektʃesi
stengel (de)	сабак	sabak
knol (de)	жемиш тамыр	ʤemiʃ tamır

| scheut (de) | өсмө | øsmø |
| doorn (de) | тикен | tiken |

bloeien (ww)	гүлдөө	gyldøø
verwelken (ww)	соолуу	sooluu
geur (de)	жыт	ʤıt
snijden (bijv. bloemen ~)	кесүү	kesyy
plukken (bloemen ~)	үзүү	yzyy

98. Granen, graankorrels

graan (het)	дан	dan
graangewassen (mv.)	дан эгиндери	dan eginderi
aar (de)	машак	maʃak

tarwe (de)	буудай	buudaj
rogge (de)	кара буудай	kara buudaj
haver (de)	сулу	sulu
gierst (de)	таруу	taruu
gerst (de)	арпа	arpa

maïs (de)	жүгөрү	ʤygøry
rijst (de)	күрүч	kyrytʃ
boekweit (de)	гречиха	gretʃixa

erwt (de)	нокот	nokot
nierboon (de)	төө буурчак	tøø buurtʃak
soja (de)	соя	soja
linze (de)	жасмык	ʤasmık
bonen (mv.)	буурчак	buurtʃak

LANDEN VAN DE WERELD

99. Landen. Deel 1

Afghanistan (het)	Ооганстан	ooganstan
Albanië (het)	Албания	albanija
Argentinië (het)	Аргентина	argentina
Armenië (het)	Армения	armenija
Australië (het)	Австралия	avstralija
Azerbeidzjan (het)	Азербайжан	azerbajdʒan
Bahama's (mv.)	Багам аралдары	bagam araldarı
Bangladesh (het)	Бангладеш	bangladeʃ
België (het)	Бельгия	belʲgija
Bolivia (het)	Боливия	bolivija
Bosnië en Herzegovina (het)	Босния жана	bosnija dʒana
Brazilië (het)	Бразилия	brazilija
Bulgarije (het)	Болгария	bolgarija
Cambodja (het)	Камбожа	kambodʒa
Canada (het)	Канада	kanada
Chili (het)	Чили	tʃili
China (het)	Кытай	kıtaj
Colombia (het)	Колумбия	kolumbija
Cuba (het)	Куба	kuba
Cyprus (het)	Кипр	kipr
Denemarken (het)	Дания	danija
Dominicaanse Republiek (de)	Доминикан Республикасы	dominikan respublikası
Duitsland (het)	Германия	germanija
Ecuador (het)	Эквадор	ekvador
Egypte (het)	Египет	egipet
Engeland (het)	Англия	anglija
Estland (het)	Эстония	estonija
Finland (het)	Финляндия	finlʲandija
Frankrijk (het)	Франция	frantsija
Frans-Polynesië	Француз Полинезиясы	frantsuz polinezijası
Georgië (het)	Грузия	gruzija
Ghana (het)	Гана	gana
Griekenland (het)	Греция	gretsija
Groot-Brittannië (het)	Улуу Британия	uluu britanija
Haïti (het)	Гаити	gaiti
Hongarije (het)	Венгрия	vengrija
Ierland (het)	Ирландия	irlandija
IJsland (het)	Исландия	islandija
India (het)	Индия	indija
Indonesië (het)	Индонезия	indonezija

Irak (het)	Ирак	irak
Iran (het)	Иран	iran
Israël (het)	Израиль	izrailʲ
Italië (het)	Италия	italija

100. Landen. Deel 2

Jamaica (het)	Ямайка	jamajka
Japan (het)	Япония	japonija
Jordanië (het)	Иордания	iordanija
Kazakstan (het)	Казакстан	kazakstan
Kenia (het)	Кения	kenija
Kirgizië (het)	Кыргызстан	kırgızstan
Koeweit (het)	Кувейт	kuvejt

Kroatië (het)	Хорватия	χorvatija
Laos (het)	Лаос	laos
Letland (het)	Латвия	latvija
Libanon (het)	Ливан	livan
Libië (het)	Ливия	livija
Liechtenstein (het)	Лихтенштейн	liχtenʃtejn
Litouwen (het)	Литва	litva

Luxemburg (het)	Люксембург	luksemburg
Macedonië (het)	Македония	makedonija
Madagaskar (het)	Мадагаскар	madagaskar
Maleisië (het)	Малазия	malazija
Malta (het)	Мальта	malʲta
Marokko (het)	Марокко	marokko
Mexico (het)	Мексика	meksika

Moldavië (het)	Молдова	moldova
Monaco (het)	Монако	monako
Mongolië (het)	Монголия	mongolija
Montenegro (het)	Черногория	tʃernogorija
Myanmar (het)	Мьянма	mjanma
Namibië (het)	Намибия	namibija
Nederland (het)	Нидерланддар	niderlanddar

Nepal (het)	Непал	nepal
Nieuw-Zeeland (het)	Жаңы Зеландия	dʒaŋı zelandija
Noord-Korea (het)	Түндүк Корея	tundyk koreja
Noorwegen (het)	Норвегия	norvegija
Oekraïne (het)	Украина	ukraina
Oezbekistan (het)	Өзбекистан	øzbekistan
Oostenrijk (het)	Австрия	avstrija

101. Landen. Deel 3

Pakistan (het)	Пакистан	pakistan
Palestijnse autonomie (de)	Палестина	palestina
Panama (het)	Панама	panama

Paraguay (het)	Парагвай	paragvaj
Peru (het)	Перу	peru
Polen (het)	Польша	polʲʃa
Portugal (het)	Португалия	portugalija
Roemenië (het)	Румыния	rumınija
Rusland (het)	Россия	rossija
Saoedi-Arabië (het)	Сауд Аравиясы	saud aravijası
Schotland (het)	Шотландия	ʃotlandija
Senegal (het)	Сенегал	senegal
Servië (het)	Сербия	serbija
Slovenië (het)	Словения	slovenija
Slowakije (het)	Словакия	slovakija
Spanje (het)	Испания	ispanija
Suriname (het)	Суринам	surinam
Syrië (het)	Сирия	sirija
Tadzjikistan (het)	Тажикистан	tadʒikistan
Taiwan (het)	Тайвань	tajvanʲ
Tanzania (het)	Танзания	tanzanija
Tasmanië (het)	Тасмания	tasmanija
Thailand (het)	Таиланд	tailand
Tsjechië (het)	Чехия	tʃeχija
Tunesië (het)	Тунис	tunis
Turkije (het)	Туркия	tyrkija
Turkmenistan (het)	Туркмения	turkmenija
Uruguay (het)	Уругвай	urugvaj
Vaticaanstad (de)	Ватикан	vatikan
Venezuela (het)	Венесуэла	venesuela
Verenigde Arabische Emiraten	Бириккен Араб Эмираттары	birikken arab emirattarı
Verenigde Staten van Amerika	Америка Кошмо Штаттары	amerika koʃmo ʃtattarı
Vietnam (het)	Вьетнам	vjetnam
Wit-Rusland (het)	Беларусь	belarusʲ
Zanzibar (het)	Занзибар	zanzibar
Zuid-Afrika (het)	ТАР	tar
Zuid-Korea (het)	Түштүк Корея	tyʃtyk koreja
Zweden (het)	Швеция	ʃvetsija
Zwitserland (het)	Швейцария	ʃvejtsarija